Die schönsten

Pflanzideen

für unseren Garten

UTE BAUER

FLORA Garten

Mit 50 Kombinationen zum Nachpflanzen

Die schönsten

Pflanzideen

für unseren Garten

Die schönsten

Pflanzideen

für unseren Garten

UTE BAUER

FLORA
Garten

Mit 50
Kombinationen
zum
Nachpflanzen

Die schönsten

Pflanzideen

für unseren Garten

Was Sie in diesem Buch finden

Der Traum
vom eigenen Paradies

Inspiration suchen und finden

Ein eigener Garten steht bei vielen Menschen ganz oben auf der Liste der Wünsche. Vielleicht, weil sich unser Alltag so weit von der Natur entfernt hat. Das Leben spielt sich in geschlossenen Räumen ab. Zwischen Wohnung und Büro pendelt man im Auto und sogar beim Ausgleichssport schwitzt man meist in Hallen oder Fitnessclubs. Im Freien bewegen wir uns nur noch sehr wenig. Frische Luft, Kontakt mit Boden, Pflanzen und Tieren hat dabei eine ungeheuer wohltuende Wirkung auf Körper, Geist und Seele, das belegen Studien immer wieder von Neuem. Ein Garten trägt enorm dazu bei Stress abzubauen, zur Ruhe zu kommen und durchzuatmen. Er gibt Raum für Entspannung und Muße, aber auch für Geselligkeit und soziale Kontakte, je nach persönlichem Bedürfnis.

Wird der Traum vom eigenen Grün dann endlich Wirklichkeit, weiß man oft gar nicht, wo und wie beginnen. Bei manchen überschlagen sich die Ideen im Kopf ohne aber so recht zu einem Bild zusammen zu finden. Andere sind eher ratlos, angesichts einer kahlen Neubaufläche. Wieder andere finden einen angelegten Garten vor, der aber gar nicht ihren Vorstellungen entspricht. Und selbst diejenigen, die ihre eigenen Pläne schon umgesetzt haben, stellen irgendwann fest, dass Neuerungen notwendig werden. Manche Pflanzen haben sich verabschiedet, neue sind von selbst aufgelaufen, ein Sonnenbeet wird vom wachsenden Hausbaum längst in den Schatten getaucht und verlangt nach anderen Stauden.

Ein Garten ist eben nie fertig und ständig dabei sich zu verändern. So braucht man immer wieder neue Ideen, Anregungen, Inspirationen, um den eigenen grünen Raum zu gestalten und den aktuellen Bedürfnissen der Bewohner anzupassen.

Über den Zaun geguckt

Der persönliche Geschmack ist dabei alles, was zählt und über den lässt sich nicht streiten. Scheuen Sie sich deshalb nicht, beim Spazieren gehen über Zäune zu spitzen, in öffentlichen Schaugärten oder auf Gartenschauen nach Vorlagen zu suchen und Szenen, die Ihnen gefallen zu Hause nachzustellen. Der Garten ist ein Experimentierfeld und lebt von

Mit Blütenfarben und -formen lassen sich Gartenbilder »malen«. Der Charme liegt oft im Detail.

Versuch und Irrtum, von Ihrer Kreativität und dem Mut zum Ausprobieren immer neuer Ansätze.

In diesem Sinne versteht sich auch dieses Buch als Ideengeber, als Anstifter und Mutmacher, große und kleine Pläne in die Tat umzusetzen. Verändern Sie, was Ihnen nicht gefällt. Bepflanzen Sie noch kahle Flächen. Malen Sie mit Blütenfarben und Wuchsformen Ihr Gartenbild!

◄ Was lässt sich nicht alles aus einem eigenen Garten machen? Jeder hat seinen persönlichen Traum vom grünen Paradies. Oft fehlt aber auch die zündende Idee für ein bestimmtes Beet, eine problematische Ecke oder die Neugestaltung.

Viele Wege führen zum Ziel

Die Herangehensweisen an die Realisierung von Gartenideen können dabei sehr unterschiedlich sein. Das Konzept dieses Buches gibt verschiedene Ansatzpunkte vor. Zunächst stehen Sitzplätze im Fokus. Sie sind wichtige Punkte im Garten. Hier lässt man sich nieder, hier kann man wirklich genießen und beobachten, hier verbringt man Zeit, allein oder in Gesellschaft. Ihre Gestaltung liegt Gartenbesitzern daher zu Recht sehr am Herzen. Sei es auf der Terrasse oder auf dem Freisitz mitten im Garten, dem Auge sollen sich interessante Perspektiven eröffnen. Ein wenig Sichtschutz soll für Geborgenheit und Privatheit sorgen. Und nicht zuletzt möchte man blühende Aussichten genießen. Verschiedene Gestaltungsvorschläge zu diesem zentralen Thema eröffnen daher den Ideenreigen.

Einer der Erfolg versprechendsten Wege zu gelungenen Pflanzenkombinationen führt über die Standortbedingungen. Drei umfangreiche Kapitel gehen Gestaltungsvorschläge deshalb von dieser Seite her an. In der Praxis ergeben sich Probleme oft

Sitzt man in diesem Pavillon, darf man blühende Perspektiven genießen. Bei standortgerechter Pflanzenverwendung hält sich der Pflegeaufwand in Grenzen. Aber natürlich dürfen auch persönliche Favoriten nicht fehlen.

auf Grund extremer Standortfaktoren. Wie könnte man bloß die kahle Baumscheibe begrünen? Was sorgt in der Schattenecke für etwas Farbe? Welche Lebenskünstler sind dem Sandboden in voller Sonnenlage gewachsen? So oder ähnlich lauten häufig an Fachleute gestellte Fragen. Hier gibt es passende Vorschläge dazu.

Generell kann man sich viel Frust und Arbeit sparen, wenn man vor der Planung und Pflanzung klärt, welche Rahmenbedingungen Boden und Lichtverhältnisse abstecken. So kann man - nach dem Vorbild der Natur - Pflanzengesellschaften zusammenstellen, die den Verhältnissen optimal gewachsen sind. Das reduziert den Aufwand an pflegerischen Maßnahmen beträchtlich und lässt mehr Zeit zum Genießen.

Vom Standort zu den Lieblingspflanzen

Rosen, Gräser, Sommerblumen - was sind Ihre Favoriten? Viele Menschen haben ihre Lieblingsblumen, die unbedingt als erstes in den Garten einziehen müssen. Und das ist auch gut so. Die Kapitel drei und sieben ranken daher Beetvorschläge und Pflanzsituationen um bestimmte Pflanzengruppen. Rosen strahlen mit verschiedenen Begleitern ganz unterschiedliches Flair aus. Je nach Wuchsform übernehmen sie vielfältige Funktionen im Garten. Sie überzeugen als Sichtschutz am Zaun, ebenso wie als Teamplayer im Beet

Einjährige Sommerblumen, wie Tagetes und Ringelblumen füllen jede Lücke im Beet, haben aber auch in Töpfen und Kästen überzeugende Farbwirkung.

oder als rankender Blütenvorhang an der Pergola.

Einjährige Sommerblumen stehen als opulente Dauerblüher bei vielen ganz oben auf der Beliebtheitsskala. Hier finden Sie Gestaltungsvorschläge, wie die dankbaren Saisonstars im Garten eingesetzt werden können. Zwiebelblumen verfrühen die Gartensaison und kolorieren die sonst noch blütenarme Jahreszeit. Die charmanten, zierlichen Vorfrühlingsblüher setzen erste Farbtupfer

ins Beet oder bringen in Kästen und Töpfen Leben vor die Haustür. Und am Saisonende sorgen Dahlien bis zuletzt für Blütenfarben.

Eine ständig wachsende Anhängerschar finden Gräser in den letzten Jahren. Kein Wunder, dank ihrer Vielfalt ist jedem Standort ein Gras gewachsen. Mit ihrer filigranen Struktur bringen selbst stattliche Gestalten Leichtigkeit ins Beet. Im letzten Kapitel erleichtern viele Tipps die praktische Umsetzung.

Einfach nachmachen

Als Gartenanfänger nützt es einem oft wenig, wenn man in fremden Gärten gelungene Kombinationen sieht. Man begeistert sich und möchte die Anregung aufgreifen, scheitert aber schnell an der eigenen Unkenntnis. Wie heißt diese Pflanze? Wie wächst sie? Wieviel Exemplare davon brauche ich? Welche Anforderungen an den Standort werden gestellt? Wie muss man dieses Beet pflegen?

Das vorliegende Buch ist so aufgebaut, dass auch Anfänger ohne gärtnerische Vorbildung die Pflanzvorschläge mühelos nachbilden können. Sie erfahren genau, welche Pflanzen abgebildet sind, mit deutschem und botanischem Namen. Letzterer ist für den Einkauf wichtig. Da deutsche Namen oft regional unterschiedlich geführt werden, arbeitet man im Fachhandel nur mit der botanischen Bezeichnung.

Wo es nötig ist, ergänzen Sortenvorschläge die Angaben. Denn bei formenreichen Pflanzengattungen unterscheiden sich Sorten oft in Eigenschaften, wie Blüten- oder Laubfarbe, Wuchshöhe oder Blütezeit. Außerdem wird genau aufgelistet, wie viele Einzelpflanzen pro Art zu setzen sind, um das dargestellte Beet nach zu pflanzen.

Jede Komposition ergänzen die wichtigsten praktischen Hinweise. Oft müssen bestimmte Standortfaktoren gegeben sein oder es werden

In diesem Pflanzbeispiel ergänzen sich Beetrosen und Zierlauch zu einer farblich perfekt abgestimmten Komposition. Die Informationen dazu gibt die Pflanzliste.

spezielle Anforderungen an die Behandlung einzelner Pflanzen gestellt. Wie muss das Beet über die Jahre gepflegt werden? Welche Maßnahmen verlängern Blüte- oder Lebenszeit? Diese oder andere wichtige Angaben werden bei jeder Abbildung erläutert.

So erfahren Sie alles

Die rechte Seite zeigt beispielhaft, wie die Pflanzideen in diesem Buch vorgestellt werden. Es gibt zwei Möglichkeiten: Entweder zeigt ein großes **Foto** eine bestimmte Situation. Dann erscheint daneben das Foto noch einmal, verkleinert und aufgehellt. In diesem kleinen Bild ist jeder Pflanzenart oder -sorte eine Nummer zugeordnet, und in der Liste

daneben erfahren Sie auf diese Weise wichtige Angaben zu jeder Pflanze:

- die notwendige Anzahl
- den deutschen Namen
- in Klammern den botanischen Namen
- die Wuchshöhe der Pflanze
- die Blütezeit
- die Blütenfarbe
- ergänzende Angaben, etwa zu Laubfarben, immergrünen Blättern o.Ä., soweit sie von Interesse sind.

Die zweite Darstellungsform veranschaulicht Beetkompositionen in Form gezeichneter und kolorierter **Grafiken**. Hier ist die Nummerierung der Pflanzen bereits integriert. In der farbig unterlegten Liste daneben finden Sie die gleichen Angaben, wie oben erläutert.

Fotos mit ausführlicher Pflanzenliste

Damit die Wirkung des Fotos und damit der Gesamteindruck der Pflanzung nicht gestört wird, zeigt die verkleinerte, aufgehellte Abbildung noch einmal alle Umrisse. Jede Pflanzenart wird durch eine Nummer gekennzeichnet und kann damit den Informationen in der Liste zugeordnet werden.

Eine kurze Charakterisierung der Pflanz-situation erfolgt auf diesen Zeilen, wo immer der Platz dazu reicht. Auch Zusatzinformationen zu Pflege oder Standort finden Sie bei Bedarf hier.

1 2 (Anzahl der Pflanzen) x Pflanzenart (hier Beet-rose 'Rosenprofessor Sieber'), 60–80 cm (Wuchshöhe), VII–X (Blütezeit), bonbonrosa (Blütenfarbe)

2 4 (Anzahl der Pflanzen) x Pflanzenart hier Zierlauch *(Allium spaerocephalon)*, 60–70 cm (Wuchshöhe), VII–VIII (Blütezeit), rotviolett (Blütenfarbe)

Kolorierte durchnummerierte Grafiken mit Liste

Etliche Pflanzideen wurden von Zeichnern umgesetzt. In diesen farblich ausgestalteten Grafiken finden Sie ebenfalls Nummern zu jeder Pflanzenart. Die dazugehörigen farblich unterlegten Listen daneben geben die gleichen Informationen wie bei den Fotos. Hier ein Beispiel:

Diese Pflanzen brauchen Sie:

1 2 (Anzahl der Pflanzen) x Pflanzenart (Rittersporn, *Delphinium*-Elatum-Hybride 'Tempelgong'), 150–170 cm (Wuchshöhe), VI–VII + IX–X (Blütezeit + Zweitblüte nach Rückschnitt), dunkel violettblau (Blütenfarbe)

2 3 x Edeldistel *(Eryngium planum* 'Blauer Zwerg'), 40–50 cm, VI–IX, stahlblau

3 3 x Sommersalbei *(Salvia nemorosa* 'Mainacht'), 30–40 cm, V–VII + IX–X, dunkelblau

4 2 x Katzenminze *(Nepeta × faassenii* 'Walker´s Low'), 40–50 cm, V–IX, lilablau

Sitzplätze – Wohnen im Freien

Ein blumiger Rahmen – charmante Einladung zum Niederlassen

Bitte Platz nehmen! Diese Aufforderung geht von einem gelungenen Sitzplatz aus, ohne dass jemand sie aussprechen müsste. Ein Stuhl zwischen duftenden Rosen- und Staudenblüten, ein Bänkchen vor einer blütenberankten Wand, die Wind und neugierige Blicke abhält, oder ein Liegestuhl am Wasser – wer möchte sich da nicht gerne niederlassen und zur Ruhe kommen. Aber nicht nur lauschige Winkel laden zum Verweilen ein. Auch erhöhte Terrassen oder Plattformen, die dem Auge das grüne Panorama des Gartens erschließen, sind geeignete Orte zum Ausruhen, Genießen, Plaudern oder Feiern.

Ruheoase oder Ort für gesellige Runden

Ein Sitzplatz im Garten genügt also nicht. Das machen die wenigen Beispiele bereits deutlich. Es dürfen gerne ein paar mehr sein. Zu unterschiedlich sind die Bedürfnisse, die man an sie stellt. Mal möchte man die Gesellschaft von Freunden, einen großen Tisch auf festem Untergrund, mal den geschützten Rückzugsort mitten im Grün, der Ruhe und Erholung vom Alltagsstress bietet. Im Frühjahr und Herbst sucht man jeden Sonnenstrahl und sitzt gerne im Schutz Wärme speichernder Mauern, während man im Hochsommer freiwillig kühlenden Schatten unter Baumkronen, Pergolen oder Sonnenschirmen sucht. Nur eines ist allen Sitzplätzen gemeinsam: Erst durch eine ansprechende Bepflanzung werden sie zu einem lauschigen, gemütlichen Fleckchen, an dem man sich gerne aufhält.

Pflanzen prägen das Flair und die Stimmung ganz entscheidend. Überbordende Blumenbeete, nostalgische Rosen und Bauerngartenstauden lassen Romantikerherzen höher schlagen. Klare Linien und Strukturen, Formschnitthecken und buchsgesäumte Beete sind Fortsetzung der Architektur im Grünen und vermitteln Ruhe und Konzentration aufs Wesentliche. Gräser, Farne und Gehölze, womöglich am Wasser, zaubern naturnahen oder parkähnlichen Charakter. Duftpflanzen bezirzen die Sinne, inspirieren und entführen einen ins Reich der Fantasie. Es lohnt sich also, sich über die pflanzlichen Gesellschafter am Sitzplatz ein paar Gedanken zu machen.

Allein die Blütenfarben beeinflussen unser Gemüt. Kunterbunte Mischungen strahlen Heiterkeit und Lebensfreude aus, können aber auch schnell unruhig wirken. Einfarbige Kompositionen wirken elegant und stilvoll.

Noch prägender sind jedoch oft die Wuchsformen der grünen Mitbewohner. Hohe und dicht belaubte Sträucher geben Rückendeckung und Windschutz. Kletterpflanzen können Sichtschutzzäune unter blühenden Vorhängen verschwinden lassen. Baumkronen spannen ein Schatten spendendes Blätterdach auf und beschirmen Sitzplätze auf natürliche Art. Erst die Erschließung der Senkrechten unterteilt den Garten in Räume, und gerade am Sitzplatz sorgt ein gewisses Raumgefühl erst für Gemütlichkeit. Es lässt ein Wohnzimmer im Freien entstehen.

Aber auch die Beete ringsherum leben von Formen. So vermitteln die Fontänen hoher Gräser etwas Dynamisches. Sie lassen außerdem bei jeder Windbewegung ihre Halme rascheln und flüstern. Breite Funkienhorste ziehen dagegen horizontale Strukturen ein, während niedrige Stauden oder Bodendecker ihre Teppiche zu unseren Füßen ausbreiten.

◄ Willkommen im grünen Wohnzimmer! Ein Blütenmeer aus duftenden Rosen und blauer Katzenminze hüllt diesem Sitzplatz ein. Die hohen Sträucher geben Rückendeckung und Sichtschutz – ein Platz zum Wohlfühlen.

Die »Hardware« gilt es jedoch ebenso gut zu planen. So brauchen dauerhaft eingerichtete Sitzplätze und solche, die Tische tragen oder für viele Personen ausgelegt sind, unbedingt einen befestigten Untergrund. Stein, Fliesen oder Holzdecks sorgen für ebene Verhältnisse und machen die Fläche auch nach Niederschlägen begehbar. Achten Sie bei der Wahl des Materials auch auf eine ausreichende Rutschfestigkeit. Mancher Belag wird nach Regenfällen zu einer ziemlich schlüpfrigen Angelegenheit und ist z. B. für Terrassen wenig geeignet.

Die Möbelwahl ist natürlich in erster Linie Geschmackssache. Im täglichen Umgang spielen jedoch harte Fakten wie Witterungsbeständigkeit, Pflege und Gewicht eine durchaus ernst zu nehmende Rolle. Auf der Terrasse, wo Möbel wenig bewegt werden müssen und oft auch etwas wettergeschützt stehen, sind Holztische und -stühle oft eine gute Wahl. An exponierten Sitzplätzen macht sich dauerhaftes Material bezahlt. Und Bänke oder Stühle, die im Laufe der Saison öfter mal den Platz wechseln, sollten vor allem leicht sein, etwa aus Kunststoff oder Aluminium.

Terrasse mit Exotikflair

Ein Hauch von Süden umweht diese Terrasse und verbreitet während der ganzen Saison etwas Urlaubsstimmung. Dafür sorgen Pflanzen aus mediterranen, tropischen und subtropischen Gefilden, die hier in Kübeln und Töpfen die Szene beleben. Eine Sitzgruppe und ein Deckchair laden zum Niederlassen und Entspannen ein. Das Holzdeck

gewährt ein stets angenehmes Barfußgefühl, da es sich, anders als Steinbelag, weder überhitzt noch zu stark abkühlt. Sichtschutzelemente, die mit einem Clematisvorhang berankt sind, geben Deckung und lassen Raum für Privatsphäre.

Sobald die Eisheiligen Mitte Mai vorbei sind, dürfen die letzten Töpfe auf die Terrasse umziehen. Die Pelargonien eröffnen auch sofort die Blütensaison. Ab Juni gesellt sich das Wandelröschen und ab Juli Gewürzrinde, Indisches Blumenrohr und Oleander dazu. Zusammen kolorieren sie den Sitzplatz bis in den Oktober hinein mit ununterbrochener Dauerblüte. Schirmbambus, Hanfpalme, Keulenlilie, Buchs und Hornklee steuern ihr dekoratives Laub dazu bei. Calamondin-Orange schmückt sich das ganze über mit weißen Blüten und Früchten gleichzeitig.

Die pflegeleichte Gesellschaft erfordert nicht viel Aufwand und schenkt auch Gartenanfängern ihre Erfolgserlebnisse. Regelmäßiges Gießen gehört im Sommer natürlich zu den absolut notwendigen Maßnahmen. Vor allem Bambus, Oleander, Indisches Blumenrohr und Orange stellen ihre Ansprüche an eine gute Wasserversorgung. Auch die anderen Gefäße dürfen nie ganz austrocknen. Ist das aber gewährleistet, belohnen die dankbaren Gewächse die Mühe mit prachtvoller Entwicklung. Den Dauerblühern, wie der Gewürzrinde und den Pelargonien, tut der regelmäßige Zusatz von Flüssigdünger zum Gießwasser gut.

Die mehrjährigen Exoten brauchen jedoch alle ein frostfreies Winterquartier. Am besten eignen sich Kellerräume oder Garagen mit Fenstern und Temperaturen zwischen fünf und zehn Grad. Hanfpalmen überwintern auch dunkel bei Null bis fünf Grad. Die Pflanzen dann nur sehr wenig gießen, die Erde aber nicht durchtrocknen lassen. Buchs, Bambus und Clematis halten es mit etwas Winterschutz auch im Freien aus.

Diese Pflanzen brauchen Sie:

1 1 x Clematis (Clematis-Hybride z. B. 'Niobe'), 200–300 cm, VI–IX, weinrot

2 1 x Schirmbambus (Fargesia murieliae), 100–400 cm

3 2 x Buchsbaum-Kegel (Buxus sempervirens), 30–80 cm

4 1 x Gewürzrinde (Cassia bzw. Senna corymbosa), bis 300 cm, VII–X, gelb

5 1 x Calamondin-Orange (Citrofortunella microcarpa), 40–120 cm, Blüte ganzjährig, weiß

6 1 x Keulenlilie (Cordyline australis 'Atropurpurea'), 100–250 cm, bei uns nicht blühend, rotlaubig

7 2 x Hänge-Pelargonien (Pelargonium peltatum), 20–30 cm, V–X, rot

8 1 x Indisches Blumenrohr (Canna indica, z. B. 'Picasso'), 80 cm, VII–X, orange

9 1 x Wandelröschen (Lantana camara, z. B. 'Schloss Ortenburg'), 30–120 cm, VI–X, rot-gelb

10 1 x Oleander (Nerium oleander z. B. 'Ville de la Londe'), bis 250 cm, VII–IX, rosa

11 1 x Hornklee (Lotus berthelotii), 10 cm, III–IV, rot

Entspannen zwischen Kübelpflanzen und Balkonblumen.
Die Exoten verbreiten Urlaubsstimmung auf der Terrasse und
lassen sich mit ihren Gefäßen immer wieder neu arrangieren

Füße hoch und entspannen

Die Gartenliege ist eines der wichtigsten Möbel für Genießer. Sie verheißt Entspannung pur unter freiem Himmel. Hier kann man die Seele baumeln lassen, Ruhe finden und ganz zu sich kommen. Wie wär's mit einem kleinen After-Work-Nickerchen, einer ausgiebigen Mittagssiesta oder einfach einem entspannenden Sonnenbad? Dann nehmen Sie Platz auf der Liege – Füße hoch und einfach den Alltagsstress hinter sich lassen.

Kein Wunder, dass der Platz für die Liege meist fest in der Gartengestaltung eingeplant ist und in der Regel einen festen Untergrund bekommt. Etwas Sichtschutz fördert die private Atmosphäre.

Tiefer gelegt ist diese Ruheoase. Zwei Stufen führen auf das Niveau des runden Holzdecks hinab. Ein Trockenmäuerchen stützt die umgebenden Beete dekorativ ab und bilden zugleich einen genau definierten Rahmen. Die hellen Kalksteine bringen etwas Mittelmeer-Flair ins Spiel und sind das ideale Ambiente für Lavendel und Salbei als Rosen-Begleiter. Der Rosmarin im Terracotta-Topf ergänzt das Bild stilecht.

Einfach abtauchen

Das abgesenkte Niveau der Plattform und die Bepflanzung gewähren perfekten Sichtschutz zum Haus hin. Hier kann man unbeobachtet die Seele baumeln lassen und im wahrsten Sinn des Wortes einfach abtauchen. Trotzdem wirkt hier nichts beengt, der Blick nach oben ist offen und weit. Kein Schattenwurf verdunkelt den Himmel. Keine Sichtschutzwand rückt einem auf den Leib. Das Holzdeck ist geräumig genug, um auch einem zweiten Liegestuhl Platz zu bieten für gemeinsame Mußestunden oder bei Bedarf sogar Tisch und Stühlen, wenn Gesellschaft erwünscht ist.

Der Blütenhöhepunkt erstreckt sich über mehrere Monate, denn in den Beeten übertrumpfen sich Rosen und Zier-Salbei in ihrer Pracht. Beide blühen bei richtiger Pflege ab Juni bis in den Herbst. Bei den öfterblühenden Rosen sollte man laufend verwelkte Blüten abschneiden. Das regt zur Bildung neuer Knospen an. Den Zier-Salbei schneidet man nach der ersten Blüte kurz über dem Boden komplett ab und gibt ihm etwas Dünger. Nach kurzer Zeit treibt er neu durch und kommt zu einer zweiten Blüte. Die lilablauen Lavendelblüten gesellen sich im Juli/August dazu und sorgen für eine provenzalische Duftnote, die Urlaubserinnerungen wach werden lässt.

Die Rahmenpflanzen dieses Liegeplatzes brauchen einen vollsonnigen Standort. Die Rosen sollte man in ein großzügiges Pflanzloch setzen, das mit humoser, nährstoffreicher Erde aufgebessert wird. Der Lavendel bekommt etwas Sand oder feinen Kies in den Wurzelbereich untergemischt. Der Rosmarin im Topf muss frostfrei überwintert werden.

1 2 x öfterblühende Beetrose *(Rosa)*, 40–80 cm, VI–X, rosa, z. B. 'Mazurka'

2 1 x öfterblühende Strauchrose *(Rosa)*, 100–150 cm, VI–X, rosa, z. B. 'Angela'

3 7 x Sommer-Salbei *(Salvia nemorosa)*, 40–80 cm, VI–VIII/IX, violett

4 3 x Lavendel *(Lavendula angustifolia)*, 30–80 cm, VII–VIII, blauviolett

5 1 x Rosmarin *(Rosmarinus officinalis)*, 20–80 cm, III–VII, blaulila

6 2 x Schafgarbe *(Achillea-millefolium-*Hybride, z. B. 'Fanal'*)*, 60 cm, VI–VIII, rot

Sonnenbaden im bunten Blütenmeer

Strahlend wie die Sonne wirkt der starke Farbkontrast der Blüten. Die Komplementärfarben Gelb und Blau unterstreichen sich in ihrer Leuchtkraft und zelebrieren den Hochsommer mit Intensität. Denn im August blühen fast alle Stauden gleichzeitig – ideal für den Urlaub zu Hause.

Die Saison eröffnet die Katzenminze. Die Sorte 'Superba' blüht bei günstiger Witterung oft schon Ende April auf. Von Mai bis Juni setzt der Türkenmohn mit seinem knalligen Rot wahre Paukenschläge ins Beet. Danach werden seine Blätter schnell gelb und ziehen ein. Er hinterlässt dann Lücken, die jedoch von den breitwüchsigen Beetnachbarn schnell überdeckt werden. Ab Juni starten dann Taglilien, Schafgarben und Storchschnabel ihr Blütenfeuerwerk und begleiten die Sonnenbadenden durch den Sommer. Erst Ende September verebbt das Blütenmeer.

Sonnenanbeter, wie die Erholungssuchenden, sind auch alle beteiligten Stauden. Mit Hitze kommen sie gut zurecht.

Das stattliche Chinaschilf braucht dabei aber eine gute Wasserversorgung. Seine schlanken Halme setzen ebenso wie die des Lampenputzergrases und die Blätter der Taglilien aufrechte Akzente zwischen die breiten Horste der blauen Stauden.

Diese Pflanzen brauchen Sie:

1 2 x Chinaschilf (Miscanthus sinensis 'Gracillimus'), 130–150 cm

2 2 x Lampenputzergras (Pennisetum alopecuroides 'Hameln'), 40–60 cm, VIII–IX, hellbraun

3 6 x Storchschnabel (Geranium-Hybride 'Blue Cloud'), 40–50 cm, VI–VIII, hellviolett mit dunklen Adern

4 2 x Goldgarbe (Achillea filipendulina 'Credo'), 80 cm, VI–IX, hell cremegelb

5 2 x Türkischer Mohn (Papaver orientale 'Beauty of Livermere'), 80 cm, V–VI, scharlachrot

6 4 x Blaue Kissenaster (Aster dumosus 'Lady in Blue'), 30–40 cm, VIII–IX, reinblau

7 2 x Taglilie (Hemerocallis-Hybride 'Stella d'Oro'), 40 cm, VI–VIII, goldgelb

8 4 x Katzenminze (Nepeta × faassenii 'Superba'), 20 cm, IV–IX, lilablau

Ein Platz an der Sonne für Erholungssuchende und für die Pflanzen. Die farbenfrohen Blütenstauden sorgen von April bis Ende September für leuchtende Kontraste.

Sanftes Wasserplätschern und das Rascheln der Grashalme im Wind sorgen für gute Entspannung und lassen den Trubel des Alltags schnell vergessen.

Diese Pflanzen brauchen Sie:

1 2 x Bambus *(Phyllostachys aureosulcata)*, 300–500 cm

2 5 x Chinaschilf *(Miscanthus sinensis* 'Giganteus'), 200–250 cm, IX–X, bräunlich

3 4 x Indisches Blumenrohr *(Canna-Indica-Hybride)*, 80 cm, VII–X, rot und orange

4 1 x Schmucklilie *(Agapanthus praecox)*, 80 m, V–VI, violettblau

5 1 x Teich-Schachtelhalm *(Equisetum hyemale)*, 60 cm

6 2 x Edelraute *(Artemisia schmidtiana* 'Nana'), 25 cm, VI–VII, Blüte unscheinbar, Blätter silbrig

Ruhe finden – dem Plätschern lauschen

Eine Oase für die Sinne ist dieser Sitzplatz am Ufer des Wasserbeckens. Einfach zurücklehnen, Augen schließen und der Stille lauschen. Das sanfte Plätschern des Springbrunnens beruhigt die Nerven und lässt den Trubel des Alltags vergessen. Bei jedem leisen Windhauch rascheln die Halme von Bambus und Chinaschilf und machen die Natur hörbar. Zugleich spenden sie Sichtschutz und verwandeln den Ruheplatz in einen geschützten Schlupfwinkel und eine ganz private Rückzugsecke für ge-

stresste Seelen. Streicht man mit den Fingern über die Edelrauten im Topf, darf man sich auch noch an herrlich würzigem Duft berauschen.

Als Wärme liebender Exot schätzt das Indische Blumenrohr viel Sonne und nahrhafte Erde. Seine Knollen müssen zum Wintereinbruch, wie Dahlien, ausgegraben und frostfrei gelagert werden.
Die Schmucklilie stellt man im Winter am besten in ein kühles Treppenhaus von ca. 8 °C. Die Halme des Chinaschilfs schneidet man im Frühjahr bodennah ab.

Tête-à-tête im Garten

Bänke beanspruchen wenig Platz, bieten aber Raum für zwei und laden zu vertraulichen Gesprächen oder ungestörten Plaudereien ein. In der Regel sind sie noch relativ leicht transportabel und können daher auch mal den Standort wechseln. Vielleicht genießt man im Frühling lieber die Pracht von Tulpen und Osterglocken im Vorgarten, bevorzugt im Herbst jedoch den Anblick des leuchtkräftigen Asternbeetes hinterm Haus.

Im Beispiel links ist ein Umzug jedoch gänzlich überflüssig. Denn das Plätzchen mit Blick auf einen kleinen Teich ist gesäumt von Dauerblühern. Die Katzenminze lässt ab Mai ihre blauvioletten Blütenähren aufleuchten. Schneidet man die Horste nach dem Verwelken der ersten Blüte bis über den Boden zurück, treiben sie rasch neu durch und blühen ein weiteres Mal bis in den Herbst. Ab Juni öffnen die Rosen ihre Knospen. Bei öfterblühenden Sorten hält der Flor bis zu den ersten Frösten an. Die Hochstämme überragen das Katzenminze-Meer und entfalten die Rosenpracht in der zweiten Etage. Wer sich auf der Bank niederlässt, wird also bis über beide Ohren von Blüten eingerahmt. Ein romantischer Ort für ein Tête-à-tête zu zweit. Formgeschnittener Buchs gibt der wilden Blütenpracht ein ordnendes immergrünes Element.

Zur blauen Stunde

In der Dämmerung bekommt der Sitzplatz ein ganz besonderes Flair. Denn die blauen Blüten der Katzenminze scheinen im schwindenden Licht besonders intensiv zu strahlen. Blau ist die Farbe, die jetzt am besten zur Geltung kommt. Im diffusen, gebrochenen Licht nach Sonnenuntergang scheint sie regelrecht von innen heraus zu leuchten. Ihr haftet etwas Mystisches und Geheimnisvolles an, das im Dämmerlicht noch verstärkt wird und für eine melancholische, romantische Stimmung sorgt.

Entspannend und beruhigend wirkt die Farbe Blau, die ins kühle Farbspektrum gehört, auf die Psyche des Menschen. Dieser Sitzplatz hat also allein durch die Dominanz blauer Blüten eine besänftigende Ausstrahlung. Hier kann man aufatmen und eine Verschnaufpause einlegen. Die Kombination mit den weißen Rosen unterstreicht die kühlromantische Stimmung und fügt dem Ganzen eine elegante Note bei. Übrigens nicht nur die Menschen halten sich hier gerne auf. Katzenminze ist bei Bienen außerordentlich beliebt und nicht zuletzt bei Katzen, denen sie ihren Namen verdankt.

Die Pflanzen dieser vornehm-romantischen Gesellschaft lieben einen Standort in voller Sonne. Die Katzenminze kommt mit mageren und trockeneren Böden gut zurecht. Den Rosen sollte man humose, nährstoffreiche Erde ins Pflanzloch geben. Der Buchsbaum braucht eine regelmäßige Wasserversorgung, auch im Winter.

1 12 x Katzenminze *(Nepeta × faassenii)*, 30–50 cm, V–IX, blauviolett

2 4 x Buchsbaum *(Buxus sempervirens var. arborescens)*, bis 250 cm, wächst langsam, hier in Form geschnitten

3 3 x Hochstammrose *(Rosa)*, 90–120 cm, VI–X, öfterblühend, weiß, z. B. 'Schneewittchen'

4 3 x Flächenrose *(Rosa)*, 50–60 cm, öfterblühend, rot z. B. 'Heidefeuer'

5 1 x Hochstammrose *(Rosa)*, 90–120 cm, VI–X, rosa, öfterblühend, z. B. 'Leonardo da Vinci'

EXTRA: Sitzplätze zum Feiern mit Familie und Freunden

Geselligkeit erfordert etwas größere Sitzplätze. Ein Tisch für Essen und Getränke ist unverzichtbar, auf dem man auch Windlichter und andere stimmungsvolle Beleuchtung platzieren kann. Sitzgelegenheiten in ausreichender Anzahl müssen natürlich drumherum Platz finden, und das setzt eine gewisse Größe voraus. Da solche Flächen viel stärker beansprucht werden, empfiehlt sich auch ein fester Untergrund. Steinplatten, Holzdecks oder Fliesen lassen Tische gerade stehen und die Füße auch nach Niederschlägen trocken bleiben.

In der Regel sind diese fest installierten Sitzplätze als Terrasse realisiert. Die Nähe zum Haus und zur Küche erleichtert die Nutzung als Essplatz. Das muss jedoch nicht zwangsläufig so sein. Schließlich richtet man Terrassen in modernen Häusern meist zur Sonnenseite aus, was im Hochsommer nicht nur vorteilhaft ist.

Im kühlen Schatten sitzt sich's an heißen Tagen nämlich viel angenehmer. Der Freisitz unten bietet für den Rückzug an Hundstagen ideale Bedingungen. Eine Kulisse aus hohen Gehölzen hält direkte Sonneneinstrahlung fern und gewährt gleichzeitig guten Sichtschutz. Ebenso wie der daneben liegende Teich gibt sie wohltuende Verdunstungskühle ab. Großlaubige Funkien, Purpurglöckchen und immergrüner Buchs fühlen sich in diesem luftfeuchten Ambiente sehr wohl und bringen die Schönheit ihres Laubes erst voll zur Entfaltung. Für Blüten sorgen Fingerhut und Astilben. Ihre zarten Pastellfarben hellen den Schattengarten dezent auf. Hier kann man selbst in der Mittagshitze aufatmen.

Schöne Aussicht

Mitten im Garten gelegen, gibt der Sitzplatz rechts den Blick frei auf blühende Beete und die ganze Anlage. Wo Sichtschutz nicht dringend notwendig ist, bietet eine Insellösung viele Vorteile. Man kann die Früchte der eigenen Gartenarbeit im Überblick genießen und in Ruhe neue Gestaltungsideen entwickeln.

Inmitten zahlreicher, leuchtender Blüten kann man hier den Sommer genießen, im würzigen Duft der Blumen schwelgen und dem Summen der Insekten lauschen. Sommersalbei, Storchschnabel und viele andere Blütenstauden sorgen mit ihren üppigen Horsten dafür, dass kaum ein Fleckchen Erde unbedeckt bleibt. Nur der Weg bahnt sich eine Schneise durch das dichte Grün und verbindet den Sitzplatz mit dem Haus. Im Vordergrund öffnet der Türkenmohn gerade seine seidigen Blüten. Die hübschen, behaarten, tief einge-

Im luftfeuchten, kühlen Schatten zwischen Teich und hohen Gehölzen, umrahmt von Funkien, wird die erholsame Entspannung an Sommertagen zum Genuss.

Die Insellösung mitten im blühenden Staudenmeer gewährt zwar weniger Sichtschutz, erlaubt aber den Rundum-Blick über das eigene Paradies. Bequeme Möbel machen den Genuss perfekt.

schnittenen Blätter verschwinden leider nach der Blüte sehr schnell. Sie werden gelb und sterben ab.

Vor zu viel Sonne schützt hier ein dekorativer Holzschirm, der den ganzen Platz überdacht, aber dank der weißen Farbe nicht ins Dunkel taucht. Die freundliche Atmosphäre bleibt erhalten.

Bequemes Mobiliar lässt die Zeit vergessen. Weiche Sitzauflagen und breite Rückenlehnen bieten Komfort und Behaglichkeit. So kann man entspannen und bei einer Tasse Kaffee in angenehmer Gesellschaft den Tag verplaudern.

SO GEHT'S   einfach & schnell

❀ Ein Garten braucht mehr als einen Sitzplatz, um die unterschiedlichen Bedürfnisse zu befriedigen. Kleine Lösungen wie Liegestühle und Bänke dienen Rückzug und Entspannung. Gesellige Runden finden um einen Tisch mit mehreren Stühlen Platz.

❀ Etwas Sichtschutz und Rückendeckung, in Form von Kletterpflanzen, hohen Gehölzen oder Mauern, verleihen einem Sitzplatz erst heimelige Geborgenheit und Privatheit.

❀ Eine ansprechende Rahmenbepflanzung sorgt für die Integration des Sitzplatzes in den Garten und wirkt zugleich wie eine unausgesprochene Einladung, Platz zu nehmen und zu genießen.

❀ Für große, häufig benutzte Sitzplätze empfiehlt sich ein fester, ebener Untergrund, der auch nach Niederschlägen gut begehbar ist. Der Stil der Möblierung prägt die Ausstrahlung des Platzes.

Logenplätze
für Ihre Rosen

Sitzplätze und Beete mit der »Königin der Blumen«

So majestätisch Rosen in ihrer Wirkung sind, so anspruchsvoll sind sie auch, was den Standort anbelangt. Für die Königin der Blumen ist das Beste gerade gut genug. Viel Sonne braucht sie, um volle Pracht und Blütenreichtum zu entfalten, und diese Üppigkeit wiederum will ernährt sein. Also muss der Boden Qualität aufweisen und Wasser sowie Nährstoffe in ausreichender Menge vorrätig halten und nachliefern können. Kurz: Rosen beanspruchen die Logenplätze im Garten. Im Gegenzug verleihen sie dem Raum aber mit ihrem Auftritt besonderen Glanz und ein Blütenspektakel ersten Ranges.

Ein kleiner Tipp: Falls Ihr Gartenboden keine optimalen rosigen Standortbedingungen aufweist, kann man auch etwas nachhelfen: Heben Sie das Pflanzloch großzügiger aus (mindestens 70 x 70 x 70 cm) und verbessern Sie die Aushuberde. Zu leichte, sandige Böden lassen sich durch Zusatz von Gesteinsmehl und Kompost aufwerten. Zu schwere, tonige Erde dagegen wird durch Untermischen von Sand oder feinem Kies sowie ebenfalls Kompost durchlässiger und luftiger. Versorgen Sie die Rosen außerdem regelmäßig in jedem Frühjahr vor dem Austrieb erneut mit einer zwei Zentimeter dicken Auflage aus Kompost. So werden sich Ihre Rosen prächtig entwickeln, auch wenn der ursprüngliche Boden nicht ideal war.

Vielfalt erlaubt Gestaltungsideen ohne Ende

Wo Sonne satt und humose, nährstoffreiche Erde den Standort prägen, adeln Rosen jedes Pflanz-Ensemble. Glücklicherweise zeigt sich die Königin der Blumen heute so vielgestaltig, dass kaum ein Wunsch offen bleibt. Experimentieren Sie ruhig mit Ihren Gestaltungsideen. Ihre Majestät erweist sich als Multitalent. Von der zierlichen Beetrose, die sich farbintensiv und blütenreich ins Staudenbeet integriert, über pflegeleichte Bodendeckerrosen zur Flächenbegrünung bis hin zu stattlichen Strauchrosen, bietet das Sortiment alles, was das Herz begehrt. Strauchrosen überzeugen als Solitär an exponierter Gartenstelle ebenso wie im Hintergrund von Rabatten oder am Zaun. Und wo der Platz ganz knapp wird, lässt man die Rosenpracht einfach in den Himmel wachsen: Kletterrosen beanspruchen kaum Fußraum, entfalten aber blütenreiche Vorhänge, die Atmosphäre zaubern und Sichtschutz gewähren. Auch Hochstämmchen sind bei Platzmangel oft eine gute Alternative. Der Stamm ist schlank und lässt Platz für Stauden oder Blumen als Unterpflanzung. Darüber prangt dann die Blütenkrone in der zweiten Etage.

Aber nicht nur die Wuchsformen zeigen eine riesige Bandbreite. Auch in puncto Blütenfarben gibt es kaum ein zweites Gewächs, das solche Auswahl bietet. Schließlich ist die Rose die älteste Kulturpflanze der Welt. Fleißige Züchter haben ihr im Laufe der Jahrhunderte nahezu jede Blütenfarbe verliehen: Weiß, Rosa, Violett, Rot, Gelb, Orange und Apricot – nur reines Blau gibt es bis heute nicht. Das ist auch der Grund, warum blaue Begleitpflanzen als klassische Rosenkavaliere gelten. Sie kontrastieren mit jeder Rosenblüte.

Der Blührhythmus einer Rose sollte, ehe man seine Sortenauswahl trifft, ebenfalls bedacht werden. Wildrosen, die märchenhafte, naturnahe Dornröschenhecken bilden, sowie Ramblerrosen, die mit ihren biegsamen, mitunter meterlangen Ranktrieben teilweise sogar Baumkronen erklimmen können, blühen

◄ Rosen überzeugen in vielen Rollen und Erscheinungsbildern: Hier verwandelt die Ramblerrose 'Bobbie James' mit ihrem Blütendach den Sitzplatz in einen Dom. Ein Rosenhochstämmchen und eine Strauchrose stehen Spalier.

nur einmal im Jahr, nämlich zur Hauptblütezeit der Rosen im Juni/Juli. Das trifft auch auf viele Alte Rosen zu, die wegen ihrer herrlich nostalgischen Blüten und des intensiven Duftes wieder eine große Fangemeinde gewinnen. Einige davon remontieren. Das heißt, nach einer längeren Blühpause im Sommer bringen sie es zu einer Nachblüte im Herbst. Moderne Rosensorten dagegen blühen öfter, einige sogar mehr oder minder durchgehend, wenn auch in unterschiedlicher Intensität. Es lohnt sich, dies bei der Auswahl der Pflanzpartner zu berücksichtigen. Einmalblühende Rosen zaubern mit gleichzeitig im Juni/Juli blühenden Stauden traumhafte Prachthöhepunkte in den Garten. Andererseits kann man mit öfterblühenden Sorten auch außerhalb dieser Zeit königliche Farbspielereien verwirklichen.

Rosaroter Rosenherbst

Einen Saisonausklang voller Romantik inszeniert nebenstehender Pflanzvorschlag. Drei Remontant-Rosen verleihen der Szene mit ihren großen, dicht gefüllten Blüten nostalgischen Charme. Alle drei verbreiten intensiven, betörenden Duft und verwöhnen somit nicht nur das Auge, sondern auch die Nase mit sinnlicher Note. Kissen- und Teppich-Astern unterstreichen mit ihren zierlichen Strahlenblüten das romantische Flair, ebenso wie die grazilen Halme des Silber-Ährengrases, die sich in jedem Windhauch raschelnd biegen. Mit ihrer Beweglichkeit und

Transparenz verleihen sie dem Beet mehr Leichtigkeit und bilden einen optischen Gegenpol zu den schweren rundlichen Rosenblüten.

Farblich dominieren kräftige Rosa-, Rot- und Purpurtöne, schließlich muss der Hebst leuchten und das Beet sich durchsetzen gegen die feurige Laubkonkurrenz der Gehölze zu dieser Jahreszeit. Flammenblumen in Amarantrot, Indianernesseln in Purpurviolett und Chrysanthemen in kräftig Rosa greifen die Vorlage der Rosen auf und intensivieren deren Leuchtkraft. 'Reine de Violettes' trumpft mit einem der dunkelsten Purpurtöne auf, die das Rosensortiment hergibt. Erst im Verblühen hellen die Rosen etwas auf. 'Alfred Colomb' steuert mit seiner interessanten Farbe, die von Karmin- bis Erdbeerrot changieren kann, eine warme Note bei, und die pink-weiß marmorierten Blüten von 'Ferdinand Pichard' strahlen vor allem Lebhaftigkeit und Munterkeit aus. Für etwas Ruhe und Ausgleich sorgen die Astern mit kühlem Blauviolett und Weiß sowie die cremeweißen, fedrigen Wedel des Silber-Ährengrases.

Blütenpower bis zum Frost darf man von dieser Rabatte erwarten. Die Remontant-Rosen gehören zwar zu den Alten Rosen, blühen aber gut nach und gehen deshalb mit Blütenstars wie Flammenblume und Indianernessel eine kurze, mit den Herbststauden wie Chrysanthemen und Astern jedoch eine ausdauernde Verbindung ein, die bis zu den ersten Frösten reicht.

An Pflegemaßnahmen ist vor allem ein konsequenter Sommerschnitt an den Rosen zu empfehlen. Das heißt: Stutzen Sie nach der ersten Blüte die Zweige, die verblühte Rosen tragen, zurück, und zwar nicht nur bis zum ersten kompletten Laubblatt, wie häufig empfohlen, sondern tiefer. Das Holz des Triebes sollte an der Schnittstelle etwa bleistiftdick sein, dann treibt die Rose schnell und kräftig neu durch und blüht wieder.

Achten Sie außerdem auf ausreichende Pflanzabstände und gute Bewässerung. Rosen, Indianernessel und Astern neigen sonst leider zu Mehltau. Das Ährengras im Frühjahr kurz über dem Boden abschneiden.

Diese Pflanzen brauchen Sie:

1 1 x Remontantrose 'Reine des Violettes', 120–160 cm, purpurviolett, duftend

2 1 x Remontantrose 'Ferdinand Pichard', 120–150 cm, pink-weiß marmoriert, duftend

3 1 x Remontantrose 'Alfred Colomb', 100–150 cm, rot, duftend

4 2 x Phlox (Phlox paniculata 'Spätamarant'), 90 cm, VIII, amarantrot

5 2 x Indianernessel (Monarda-Hybride 'Purpurkrone'), 120 cm, VII–VIII, rotviolett

6 2 x Koreanische Garten-Chrysantheme (Chrysanthemum zawadskii var. latilobum 'Clara Curtis'), 70 cm, VIII–IX, rosa

7 1 x Silberährengras (Stipa calamagrostis), 60/80 cm, VII–IX, gelblich weiß

8 2 x Kissen-Aster (Aster dumosus 'Prof. A. Kippenberg'), 50 cm, IX–X, blauviolett

9 3 x Teppich-Aster (Aster pansos 'Snowflurry'), 10 cm, IX–X, weiß

Das romantische Rosenbeet in kräftigen Farben hat
seinen Blütenhöhepunkt im Herbst. Remontantrosen
werden von Herbststauden wie Astern, Chrysanthemen
und Silberährengras untermalt.

Ein Hauch von Dornröschen

Märchenhaft und fast etwas verwunschen wirkt dieser Rückzugsort zwischen Rosenblüten. Das Blätterdach von Gehölzen gibt Sichtschutz und Geborgenheit und macht das kleine Garteneck zu einem »geheimen« Garten, in dem man sich verstecken und ungestört seinen Träumen nachhängen kann.

Der Rahmen aus Bäumen und Sträuchern verleiht der ganzen Szene außerdem ein naturnahes Flair. Die Kletterrose 'Alchymist' braucht hier kein künstliches Rankgerüst, sondern findet am Baumstamm Halt, fast wie Lianen im Urwald. Zumindest wirkt das so. Tatsächlich sollte man ihr mit ein paar Schnüren oder ummanteltem Draht eine kleine Aufstiegshilfe geben. Denn die moderne Rose gehört nicht zu den Ramblern, sondern zu den Kletterern. Sie begnügt sich auch mit einer Endhöhe von drei bis dreieinhalb Metern. Dabei blüht sie

einmal im Jahr, aber überreichlich, und fasziniert mit einem interessanten Farbspiel ihrer nostalgisch dicht gefüllten Blüten. Im Aufblühen sind diese rötlich überhaucht, später dominieren Gelb-Orange- und im Abblühen helle Apricot-Töne.

Rechts im Beet türmt die öfterblühende Strauchrose 'Centenaire de Lourdes' ihre Blütenberge auf. Riesige, rosa Einzelblüten, die oft in Büscheln zusammenstehen, sind ihr Markenzeichen, ebenso ein etwas überhängender Wuchs.

Der Duft beider Sorten inspiriert und beflügelt die Sinne und macht diesen Sitzplatz zum idealen Ort, um zu entspannen und die Seele baumeln zu lassen. In Nasennähe lässt sich das Parfum am besten genießen, das bei 'Centenaire de Lourdes' an Wildrosen erinnert, bei 'Alchymist' etwas blumiger ausfällt.

Robuste Sorten für weniger ideale Lagen

Im Halbschatten der hohen Gehölze, die diesen Platz umgeben, herrschen eigentlich keine idealen Rosenbedingungen. Im Traufbereich hoher Bäume sind Rosen in der Regel anfällig für Pilzkrankheiten. Auch brauchen sie mindestens fünf bis sechs Stunden volle Sonne am Tag, um gut zu gedeihen.

Die Toleranz der einzelnen Rosensorten gegenüber ungünstigen Bedingungen fällt jedoch sehr unterschiedlich aus. Beide hier verwendeten Sorten gehören eher zu den problemlosen und robusten Vertretern ihrer Art. Sie befriedigen auch noch im Halbschatten und überzeugen durch enorme Frosthärte, was sie auch für den Einsatz in Höhenlagen eignet. Perfekte Pflanzpartner für die Halbschattenlage sind hier Frauenmantel und Storchschnabel.

Die Rosen und Stauden dieses Gartens sollten alljährlich vor dem Austrieb eine gute Startdüngung erhalten, am besten in Form von reifem Kompost. Die öfterblühende Strauchrose in jedem Spätwinter zurückschneiden. Die Kletterrose nur alle paar Jahre behutsam verjüngen. Ist der Frauenmantel abgeblüht, kann man ihn komplett zurückschneiden, er treibt bald neu aus.

1 1 x Kletterrose 'Alchymist', einmalblühend, 250–350 cm, gelb-orange, intensiv duftend

2 2 x Strauchrose 'Centenaire de Lourdes', öfterblühend, 100–200 cm, kräftig rosa, duftend

3 3 x Frauenmantel (*Alchemilla mollis*), 30–50 cm, VI–VIII, gelb-grünlich

4 2 x Storchschnabel (*Geranium sylvaticum*), 70 cm, VI–IX, blau

5 2 x Türkischer Mohn (*Papaver orientale*), 30–100 cm, V–VI, Sorten in vielen Farben

Die Kletterrose 'Shogun' verbindet geschickt Hauswand und Rankelement. Alle vertretenen Pflanzen sind gut hitzeverträglich – eine wichtige Voraussetzung für den Platz auf der sonnigen Terrasse, deren Pflaster und Wände Wärme abstrahlen.

Diese Pflanzen brauchen Sie:

1 1 x Kletterrose 'Shogun', öfterblühend, 300–400 cm, rosarot

2 1 x Halbstammrose 'Zwergkönigin '78', öfterblühend, 100–110 cm, blutrot

3 16 x Hornveilchen (Viola-Cornuta-Hybride 'Blaulicht'), 10–25 cm, IV–IX, blau

4 2 x Buchsbaum (Buxus sempervirens), 20–40 cm

5 1 x Halbstammrose 'Gloria Dei', öfterblühend, 120–140 cm, gelb mit rosa Rand

6 6 x Bodendeckerrose 'Red Yesterday', öfterblühend, 60–80 cm, rot

7 15 x Balkan-Glockenblume (Campanula poscharskyana 'Blauranke'), 15–20 cm, VII–IX, blau

Terrassen-Sichtschutz

Blütenvorhänge sind sicher die charmanteste Art, neugierige Blicke vom Sitzplatz fernzuhalten, erst recht, wenn sie aus Rosengirlanden gewebt sind. In diesem Pflanzbeispiel sorgen hölzerne Rankelemente für das nötige Gerüst. Die luftige Gittergröße erlaubt jedoch Transparenz, und große Torbögen gewähren Ausblick in die Landschaft. So entsteht ein Gefühl von Geborgenheit, ohne jedoch »eingemauert« zu sein.

Im Eck verbindet die Kletterrose 'Shogun' geschickt Hauswand und Sichtschutzelemente, indem sie beide Senkrechten üppig berankt. Einen Torbogen füllt die Halbstammrose 'Zwergkönig '78' im Kübel, die mit Hornveilchen unterpflanzt ist. Blaue Hornveilchen umspielen auch die Basis der Rankgitter.

Das gleiche Farbspiel wiederholt sich im Beet an der Außenecke der Terrasse. Dort blühen Bodendeckerrosen der Sorte 'Red Yesterday' von Juni bis September. Mit ihren großen Blütenbüscheln hinterlassen sie einen intensiven Farbeindruck. Der blaue Saum besteht aus Glockenblumen, die ebenfalls den ganzen Sommer über mit ihrem unermüdlichen Blumenreichtum das Auge erfreuen.

Die gepflasterte Fläche lockern Kübel und Töpfe auf, bepflanzt mit immergrünen Buchskugeln, Hornveilchen und der süß duftenden gelb-rosafarbenen Edelrose 'Gloria Dei' als Halbstämmchen.

Alle verwendeten Rosen sind sehr hitzeverträglich und eignen sich gut für sonnige Terrassen. Die Stammrosen im Kübel brauchen jedoch eine regelmäßige Wasserversorgung. Sie können ja aus dem Boden keinen Nachschub holen. An heißen Som-mertagen heißt das, mindestens zweimal täglich gießen. Auch der Buchs und die Hornveilchen dürfen natürlich nicht dursten. Sorgen Sie auch für die nötigen Nährstoffe. Die ausgepflanzten Rosen am besten zum Saisonstart mit einem Langzeit-dünger versorgen. Für die Topfrosen empfiehlt sich der Zusatz von Flüs-sigdünger ins Gießwasser.

Wer größere Flächen mit Kletter-rosen beranken möchte, sollte sich für starkwüchsige, langtriebige Sorten entscheiden. Lauben, Pergolen oder Pavillons zum Beispiel, bei denen Seitenwände und Dach zu begrünen sind, erfordern vitale Himmelsstürmer. Wandspaliere dagegen verkleiden auch schwächere Kletterer völlig zufriedenstellend.

Kletterrosen verwandeln Lauben und Pergolen in märchenhafte, lauschige Sitzplätze, die Schutz vor zu viel Einblick gewähren. Die Wuchskraft der Rosensorte muss der zu begrünenden Fläche gewachsen sein.

Rosen-Highlights im Beet

Die Kombination mit Stauden eröffnet eine Vielzahl von Gestaltungsmöglichkeiten. Denn auf Rosenstandorten fühlen sich auch viele Sonne liebende Sommerblumen und Stauden, ja sogar anspruchsvolle Prachtstauden sehr wohl.

Die Königin der Blumen lässt sich problemlos in Rabatten integrieren. Hohe Strauchrosen bilden eine beeindruckende Hintergrundkulisse. Beet- und Flächenrosen schmiegen sich ins Staudenteam ein. Selbst Kletterrosen können, an einem Obelisken gezogen, einen »Super-Höhepunkt« in gemischten Pflanzungen verkörpern. Im folgenden Pflanzbeispiel spielt eine Trauerrose die Hauptrolle und fungiert als bezaubernder Hingucker.

Kaskaden- oder Trauerrosen nennt man auf Hochstamm veredelte Kletterrosen – Bezeichnungen, die den Charme dieser »Rosenbäumchen« zu beschreiben versuchen. In diesem Fall lässt die Moschata-Hybride 'Ghislaine de Féligonde' ihre Blütenschleppen zu Boden »fließen«. Dank ihres abwechslungsreichen Farbspiels sieht sie jeden Tag anders aus. Denn aus tief orangefarbenen Knospen öffnen sich apricot- bis pfirsichgelbe Blüten, die im Abblühen zu cremeweiß aufhellen. Im Beet darunter korespondiert die duftende Englische Strauchrose 'Schloss Glücksburg' farblich perfekt. Lavendel bringt mit seinen blauen Blüten die Komplementärfarbe ins Spiel und lässt das Gelb der Rosen intensiv erstrahlen.

Die kleine halbrunde Buchshecke betont die geometrische Form des Beetes, und ein Teppich aus weißen Balkan-Glockenblumen frischt die hochsommerliche Szene auf.

Diese Pflanzen brauchen Sie:

1 1 x Kaskadenrose 'Ghislaine de Féligonde', öfterblühend, 120–140 cm, apricot-gelb-weiß

2 2 x Englische Strauchrose 'Schloss Glücksburg', öfterblühend, 70–90 cm, apricot-gelb

3 5 x Lavendel (*Lavandula angustifolia* 'Munstead'), 40 cm, VI–VIII, blauviolett

4 15 x Buchsbaum (*Buxus sempervirens*), 15–50 cm

5 8 x Balkan-Glockenblume (*Campanula poscharskyana* 'E. H. Frost'), 10 cm, VI–IX, weiß

Das kleine formale Beet mit Kaskadenrose als Mittelpunkt und einer Buchseinfassung liebt vollsonnige Lagen, dann erfreut es von Juni bis September ununterbrochen mit Blüten.

Mit stabilen Rankhilfen wachsen viele vitale Strauchrosen höher als im freien Stand. Besonders vor Hauswänden und als Hintergrund für Staudenbeete machen sich die »Rosentürme« gut; hier 'Ferdinand Pichard' und 'Gloire de France'.

Das kleine Halbrondell blüht von Juni bis September. Beide Rosen sind öfterblühend. Nur der Lavendel dürfte bereits im August abgeblüht sein, trägt dann aber über sein silbriges Laub immer noch zum Farbspektakel bei. Stutzen Sie ihn nach der Blüte etwas zurück. Als mediterraner Asket bevorzugt er kalkhaltige, etwas magerere Böden als der Rest der Pflanzung. Geben Sie ins Pflanzloch etwas feinen Kies oder groben Sand mit, das fördert seine Entwicklung. Mit Dünger sparsam umgehen. Den Wurzelbereich der Rosen dagegen alljährlich mit Kompost oder Langzeitdünger versehen. Die Englischen Rosen im Spätwinter schneiden und

bei allen Rosen im Sommer laufend Verwelktes entfernen. Ansonsten beschränkt sich die Pflege dieses Beetes auf eine leichte Bodenlockerung im Frühjahr, gelegentliches Unkrautjäten und den Buchsschnitt.

Höhe gewinnen

Mit ein paar Kunstgriffen lassen sich Rosen dazu bewegen, ihre natürliche Wuchsform zu variieren. Stammrosen und Kaskadenrosen etwa verdanken ihren schlanken Stamm einem gärtnerischen Eingriff. Anstatt, wie sonst üblich, die Edelsorte auf den Wurzelhals zu veredeln, wird die Unterlage zu einem

Stämmchen herangezogen und die Sorte erst in einer Höhe von 60 bzw. 90 oder 120 Zentimetern eingesetzt. So erhält man ein »Bäumchen«, das gut unterpflanzt werden kann und Platz spart im Garten.

Man kann starkwüchsige Strauchrosen mit stabilen Stützen zu verstärktem Höhenwachstum anregen. Das Aufbinden kräftiger Leittriebe unterstützt das weitere Wachstum. In freiem Stand biegen sich die Langtriebe irgendwann durch ihr Eigengewicht zur Seite. Es entstehen breite, überhängende Sträucher. Mit Rankhilfe bleiben sie schmaler, werden aber höher – vor Haus- oder Garagenwänden macht sich das gut.

Ein Flair voller Noblesse und Tradition

In Themengärten unterschiedlichster Art übernehmen Rosen überzeugend die Hauptrolle. Schließlich hat die Rose als älteste Kulturpflanze der Welt schon viele Epochen erlebt und mitgestaltet. So passt sie stilecht in die verschiedensten Gartenszenerien.

Wildrosen und Bodendeckerrosen mit ihrem ursprünglichen Charme fügen sich harmonisch in naturnahe Gärten. Rosenhochstämmchen dagegen setzen in Barockgärten die klare Formensprache fort. Alte Rosen sind unverzichtbarer Bestandteil traditioneller Bauerngärten. Dort standen sie als Sichtschutz am Zaun oder verbreiteten ihren köstlichen Duft in buchsgesäumten Beeten. Sie dürfen auch in den beliebten Cottagegärten der Engländer nicht fehlen, obwohl heute mit den modernen Englischen Rosen eine prima Alternative von ähnlich nostalgischer Ausstrahlung zur Verfügung steht. Schon so berühmte englische Gärtnerinnen wie Vita Sackville West oder Gertrude Jekyll gaben ihren Gestaltungen durch Rosen Profil.

Nostalgie im eleganten Landhausstil

Etwas britischen Charme strahlt auch nebenstehender Garten aus. Die nostalgische Ramblerrose 'Albertine', hier als Kaskadenrose auf Hochstamm veredelt, gibt dem Sitzplatz Deckung und hüllt ihn in wunderbaren Duft. Die verspielte, weiße Bank passt stilecht dazu. Man fühlt sich an den Glanz adeliger Landsitze vergangener Zeiten erinnert. Die barocke Rose wird konsequenterweise von traditionsreichen, blaublütigen Begleitpflanzen untermalt. Rittersporn, Sommer-Salbei und Glockenblumen gehören zum klassischen Hofstaat der Königin. Ihr Blau sorgt in Verbindung mit dem vornehmen Rosa von Rose und Fingerhut für eine kühl-romantische Note.

Den Höhepunkt erlebt das Ensemble zur Rosenblüte im Juni/Juli, da 'Albertine' zu den einmalblühenden Ramblerrosen gehört. Die begleitenden Stauden steuern gleichzeitig ihre Blütenfarben bei, beweisen aber den längeren Atem. Der Salbei startet bereits im Mai mit seiner Pracht und koloriert zusammen mit dem Rittersporn noch einmal den Herbst. Der Fingerhut gehört zu den zweijährigen Pflanzen. Im Pflanzjahr muss man auf seine Blüten noch verzichten. Sind diese aber erst einmal abgeblüht, versamen die Pflanzen sich meist von selbst, so kann man alljährlich Blüten genießen. Ein humus- und nährstoffreicher Boden erhält die Pracht.

Damit diese Pflanzengemeinschaft langfristig ihre Pracht entfaltet, braucht sie einen humus- und nährstoffreichen Boden. Rittersporn und Sommersalbei blühen ein zweites Mal, wenn man sie nach der ersten Blüte bis kurz über den Boden zurückstutzt und düngt.

1 1 x Kaskadenrose 'Albertine', einmalblühend, 120–180 cm, apricot-rosa, im Abblühen zartrosa, duftend

2 1 x Rittersporn (*Delphinium*-Hybride), 80–180 cm, VI–VII/IX, blau

3 2 x Baldrian (*Valeriana officinalis*), 90 cm, VI–VIII, weiß

4 3 x Fingerhut (*Digitalis purpurea*), 100–140 cm, VI–VII, rosa

5 3 x Pfirsichblättrige Glockenblume (*Campanula persicifolia*), 50–100 cm, VI–VIII, blau

6 5 x Lavendel (*Lavandula angustifolia*), 30–80 cm, VII–VIII, blauviolett

7 15 x Sommersalbei (*Salvia nemorosa*), 40–80 cm, V–VIII/X, blauviolett

EXTRA: Rosen-Praxis

Im Fachhandel sind Rosen in unterschiedlichen Angebotsformen erhältlich. Die längste Tradition haben so genannte **wurzelnackte** Rosen. Sie sind die preiswerteste Pflanzware, werden aber nur im Winter angeboten, wenn sich die Rosen in der Vegetationsruhe befinden. Die Pflanzen bestehen dann nur aus kahlen Trieben und nackten Wurzeln ohne Erdballen. Man pflanzt sie Ende Oktober/November oder März/April. Auf schweren Böden oder in rauen Lagen ist die Frühjahrspflanzung vorteilhafter.

Gute Pflanzenqualität erkennt man beim Einkauf an drei kräftigen Trieben mit frischgrüner, unverletzter Rinde und kräftigen Wurzeln. Immer häufiger erhält man Rosen als **wurzelballierte** Ware in schmalen Verkaufstöpfen mit etwas Erde darin. Das schützt die Rosen vor Trockenschäden. Sie können bereits erste Saugwurzeln und Triebansätze bilden, was die Pflanzzeit bis in den Mai hinein verlängert.

Die dritte Angebotsform sind **Containerrosen**. Die Pflanzen stehen in einem mindestens fünf Liter Erde enthaltenden Topf. So können sie das ganze Jahr über verkauft und gepflanzt werden. Das hat für den Käufer den weiteren Vorteil, dass man die Sorten in blühendem Zustand auswählen kann. Allerdings zieht der erhöhte Kulturaufwand auch einen höheren Preis nach sich.

Rosenkultur in Töpfen und Kübeln

Die dauerhafte Haltung von Rosen in Töpfen stellt nicht nur für Balkon- und Terrassengärtner eine interessante Alternative dar. Die Königin der Blumen ist durchaus fähig, in Gefäßen zu gedeihen. Zwergwüchsige Miniatur- und Patiorosen gedeihen hier sogar besser und gesünder. Für alle relativ kleinwüchsigen Formen, vor allem die Beet- und Flächenrosen, ist der Topf ein passabler Lebensraum. Je stattlicher die natürliche Wuchsform der Rose, desto größer muss das Pflanzgefäß ausfallen. Da Rosen Tiefwurzler sind, haben sich hohe, schlanke Kübel oder Amphoren bewährt.

Die Königin der Blumen macht auch in Töpfen eine gute Figur. Vor allem schwachwüchsige Formen kommen mit dem begrenzten Erdvolumen gut klar.

Das begrenzte Erdvolumen im Topf erfordert natürlich etwas mehr Pflegeaufwand. An Sommertagen sollten die Topfköniginnen zweimal täglich gegossen werden und regelmäßig Flüssigdünger erhalten.

Wer ist die schönste im ganzen Land?

Die richtige Auswahl der Sorte fällt oft ganz schön schwer. Am besten überlegt man vor der Entscheidung, welchem Zweck die Rose dienen soll (Sichtschutz, Farbe im Beet) und an welche Stelle sie gepflanzt werden soll (Zaun, Hauswand, Wegrand). Damit ist meist die Wuchsform bestimmt und der Auswahl bereits eine Richtung gegeben. Dann stellt sich die Frage: Soll es eine bestimmte Farbe sein? Das lässt das Angebot weiter schrumpfen.

In den letzten Jahren wird aber auch die Blütenform mehr und mehr zum Auswahlkriterium. Alte Rosen mit ihren dicht gefüllten, oft geviertelten Blumen und dem überragenden Duft fanden wieder zahlreiche Anhänger. Viele blühen aber nur einmal. Als Erster verband der englische Züchter David Austin Ende des letzten Jahrhunderts den Charme der Alten mit der Öfterblütigkeit der Modernen Sorten. Seine »Englischen Rosen« fanden reißenden Absatz, und so entstanden in den vergangenen Jahrzehnten auch in anderen Züchterhäusern mehr und mehr herrlich nostalgische, öfterblühende Rosensorten. Obenstehendes Tableau zeigt die heutige Vielfalt an Blütenformen.

Welche Blütenform und -farbe soll es denn sein? Sie haben die Wahl. Von links nach rechts, oben beginnend: 'York and Lancaster', 'Mme Alfred Carrière', 'Veilchenblau', 'Mary Rose', 'Charles Austin', 'Circus Rambler', 'Alchymist', 'English Garden', 'Tuscany Superb', 'Petite de Holande', 'Honorine de Brabant', 'Westerland', 'Belle Story', 'Othello', 'Souvenir de la Malmaison', 'Alain Blanchard', 'Rambling Rector'.

SO GEHT'S   **einfach & schnell**

❀ Rosen benötigen einen sonnigen Standort auf nährstoffreichem, humosem Boden. Ist die vorhandene Gartenerde weniger ideal, sollte man vor der Pflanzung Bodenverbesserungsmaßnahmen durchführen.

❀ Für nahezu jede Gestaltungsidee lässt sich im riesigen Sortiment die passende Rose finden. Denn die Palette der Farben, Blüten- und Wuchsformen gewährt eine Riesenauswahl.

❀ Bei der Zusammenstellung schmeichelnder Begleitpflanzen sollte man den Blührhythmus der Rosen berücksichtigen. Einmalblühende zelebrieren nur mit juni- und juliblühenden Stauden einen gemeinsamen Blütenhöhepunkt. Öfterblühende bereichern auch herbstliche Beete mit ihrer Farbe.

❀ Kletterrosen können als blühender Sichtschutz eingesetzt werden. Hochstamm- und Kaskadenrosen beanspruchen wenig Fußraum im Beet und geben einer Pflanzung Höhenstruktur.

Blütenpracht für Sonnenplätze

Auf den Standort kommt es an

Welche Pflanze passt wohin? Welche Arten harmonieren zusammen? Was funktioniert in meinem Garten? Diese Fragen stehen wohl bei jedem Gartenbesitzer am Anfang, ehe man die ersten Gestaltungsideen in die Tat umsetzt. Oft verteilt man dann erst einmal auf der Fläche, was man an Pflanzen geschenkt bekommt oder was beim Einkaufen ins Auge fällt. Das ist zwar nicht völlig verkehrt – etwas Mut zum Experimentieren gehört einfach zum Gärtnern – aber man spart sich viel Zeit, Arbeit und Frust, wenn man bereits im Vorfeld einige Dinge klärt.

Das Wichtigste ist: Machen Sie sich bewusst, welche Standorte Ihr Garten bietet, und wählen Sie die Pflanzen diesen Gegebenheiten entsprechend aus. Denn nur wo sie sich wohlfühlen und die Bedingungen vorfinden, die sie von Natur aus für gutes Gedeihen brauchen, werden sie Ihnen langfristig Freude machen.

Boden, Wasser, Licht

Jeder Pflanzenstandort wird von drei wichtigen Faktoren geprägt: von Boden, Wasser und Licht. Der Bodentyp hängt im Wesentlichen von den regionalen landschaftlichen Gegebenheiten ab. Kleinräumig kann er im Garten in begrenztem Umfang etwas beeinflusst werden (siehe S. 25). Vor allem der Humusanteil (Menge an organischer Substanz wie Pflanzenreste, Mikroorganismen etc.) lässt sich durch regelmäßiges Ausbringen von Kompost über die Jahre deutlich erhöhen.

Man unterscheidet: **Leichte, sandige Böden** sind luftig und locker, können aber Wasser und Nährstoffe schlecht halten. **Schwere, tonige Böden** dagegen binden zwar viele Nährstoffe und reichlich Wasser, führen aber oft kaum noch Sauerstoff und lassen die Wurzeln faulen. Sie neigen zum Verdichten und erwärmen sich schlecht. **Der ideale Boden** hat sandige und tonige Bestandteile in ausgewogener Mischung. Ein hoher Anteil an organischer Substanz wertet alle Bodentypen auf.

Der Wasserhaushalt hängt immer eng mit dem Bodentyp zusammen. Natürlich kann man Beete im Garten zusätzlich wässern, aber auch hier sind natürliche Grenzen gesetzt. Auf einem Sandhügel wird man sich auch mit größter Mühe keine Sumpfdotterblume zurechtgießen.

Der entscheidenste und zugleich am wenigsten zu beeinflussende Faktor aber ist das **Licht**. Licht brauchen alle Pflanzen zur Fotosythese, über die sie ihre Lebensenergie gewinnen. Werden die individuellen Ansprüche der Arten nicht erfüllt, kümmern sie. Denn jede Pflanze hat sich im Laufe der Evolution optimal an ihren natürlichen Standort angepasst und möchte im Garten ähnliche Bedingungen vorfinden.

Natürlicher Lebensraum als Wegweiser

In der Fülle des Pflanzensortiments ist die Einteilung nach natürlichen Lebensräumen eine wertvolle Hilfestellung. Sie erleichtert es nicht nur, den passenden Standort zu finden, sondern ist gleichzeitig ein Hinweis darauf, welche Arten gut miteinander harmonieren. Denn was in der Natur zusammen wächst, wirkt auch im Garten überzeugend. Staudengärtner unterscheiden folgende Lebensräume: Gehölz, Gehölzrand, Freiflächen, Steingarten, Beet, Wasserrand und Wasser.

Nicht immer findet man beim Pflanzeneinkauf diese detaillierten Angaben auf den Etiketten. Minimumstandard ist jedoch ein Hinweis auf die Lichtbedürfnisse. Danach bedeutet:

◀ Die kunterbunte Bauerngartenpracht in buchsgesäumten Beeten erfordert einen sonnigen Standort. Hier fühlen sich Pracht- und Beetstauden, Rosen, Kräuter und Sommerblumen wohl. Gerade die Mischung bestimmt den besonderen Zauber.

- **Vollsonnig:** ständige direkte Sonneneinstrahlung während des ganzen Tages.
- **Sonnig:** nahezu ganztägige Einstrahlung, volle Sonne während der Mittagsstunden.
- **Absonnig:** ganztägig hell, aber keine direkte Besonnung.
- **Lichter Schatten:** Schattenwurf durch locker stehende Laubgehölze, zeitweise auch direkte Sonne.
- **Halbschattig:** vormittags und/oder nachmittags nur stundenweise besonnt, etwa die halbe Tageslänge im Schatten.
- **Schattig:** nahezu permanenter Schatten, kaum direkte Sonne.

Wenn man diese Hinweise beachtet, ist das schon ein Schritt Richtung Erfolg. Die Pflanzenwelt bietet für jeden Standort eine Fülle von Möglichkeiten zur Ideenverwirklichung. Im Folgenden finden Sie einige Beispiele. Insbesondere in sonnigen Lagen dürfen Gärtner aus dem Vollen schöpfen. Wo die Energiequelle sprudelt, können sich Pflanzen in Blütenfeuerwerken verausgaben.

Schmetterlingsgarten

Ein Lockmittel für Falter ist nebenstehende Pflanzung. Nicht nur die kräftigen Blütenfarben der Stauden, Sommerblumen und Sträucher wirken attraktiv auf die flatternden Leichtgewichte. Sie nehmen über ihre Fühler auch die Düfte der Nektarpflanzen wahr. Vor allem Schmetterlinge wie Admiral, Pfauenauge und Kleiner Fuchs werden sich in diesem Garten wohl fühlen und ihn während der Sommermonate beleben. Der Schmetterlingsstrauch vor allem macht seinem Namen alle Ehre. Von Juli bis August ziehen seine langen Blütenrispen wahre Schwärme hungriger Falter an. Aber auch Dost und Lavendel locken mit ihrem würzigen Aroma, das auch der Gärtner schätzt.

Volle Sonne braucht dieses Ensemble, um so richtig aufzublühen. Die meisten Pflanzen kommen sogar mit zeitweiliger Trockenheit auf leichten Böden gut zurecht. Nur den Stockrosen, den Sommerastern und den Studentenblumen sowie den Artischocken sollte man etwas humose Gartenerde ins Pflanzloch mischen und auf ausreichende Bewässerung und Düngung achten.

Mittelmeerkräuter wie Lavendel und Dost lieben kalkhaltige Böden. Die Trittplatten aus Kalkstein sind daher nicht nur optisch eine perfekte Umgebung. Auf sehr fetten Gartenböden empfiehlt es sich, den Hungerkünstlern etwas feinen Kies mit ins Pflanzloch zu mischen. In jedem Frühjahr stutzt man die Halbsträucher etwas zurück, den Lavendel noch ein zweites Mal nach der Blüte. Auch die Artischocke stammt aus dem warmen Süden. In rauen Lagen sollte man ihr etwas Winterschutz gönnen. Man bindet die dekorativen, großen, grauen Blätter hoch und häufelt den Wurzelbereich 20 cm hoch mit trockenem Laub oder Stroh an. Im April wird diese Auflage wieder entfernt.

Stockrosen folgen meist einem zweijährigen Lebensrhythmus. Wer

Diese Pflanzen brauchen Sie:

1 1 x Schafgarbe (*Achillea millefolium*), 40–120 cm, VI–IX, weiß

2 2 x Artischocke (*Cynara*-Hybride), 150–180 cm, VIII–IX, rosalila

3 3 x Weberkarde (*Dipsacus sativus*), 80–120 cm, VII–VIII, lila

4 1 x Sommerflieder (*Buddleja davidii*), 200–300 cm, VII–IX, lila

5 1 x Hundsrose (*Rosa canina*), bis 300 cm, VI–VIII, zartrosa

6 1 x Hartriegel (*Cornus sanguinea*), bis 300 cm, V–VI, weiß

7 1 x Berberitze (*Beberis thunbergii*), 80–100 cm, IV–V, gelb

8 2 x Dill (*Anethum graveolens*), 60–100 cm, immergrün

9 3 x Blutweiderich (*Lythrum salicaria*), 100–120 cm, VIII–IX, rot

10 1 x Spierstrauch (*Spiraea*-Hybride), 80 cm, VII–IX, rot

11 3 x Stockrose (*Alcea rosea*), bis 250 cm, VII–IX, rosa und rot

12 3 x Schmuckkörbchen (*Cosmos bipinnatus*), 40–120 cm, VI–X, hier weiß

13 2 x Fuchsschwanz (*Amaranthus albus*), 80–100 cm, VII–IX, weiß

14 3 x Sommeraster (*Callistephus chinensis*), 15–30 cm, VIII–X, rot, blau, lila

15 5 x Lavendel (*Lavandula angustifolia*), 25–40 cm, VI–VII, blauviolett

16 6 x Studentenblume (*Tagetes patula*), 15–30 cm, VI–X, orange

17 2 x Stauden-Phlox (*Phlox paniculata*), 50–60 cm, VI–VIII, weiß

18 3 x Acker-Witwenblume (*Knautia arvensis*), 50 cm, VII–IX, blau-lila

19 10 x Rotklee (*Trifolium pratense*), 30 cm, VI–VIII, rot

20 2 x Quendel (*Thymus serpyllum*), 5 cm, VII–VIII, purpurrot

21 5 x Duftsteinrich (*Lobularia maritima*), 8–12 cm, VI–X, weiß

22 1 x Fetthenne (*Sedum telephium*), 30–50 cm, VII–IX, rosa-rot

23 2 x Mauerpfeffer (*Sedum acre*), 5–10 cm, VI–VIII, gelb

24 3 x Dost (*Origanum vulgare*), 15 cm, VI–IX, rosalila

25 2 x Silberfingerkraut (*Potentilla argentea*), 40–60 cm, V–IX, gelb

26 4 x Blauschwingel (*Festuca cinerea*), 30–60 cm, VI–VII

Auf einem warmen bis heißen, vollsonnigen Platz, etwa an der Südseite des Hauses, lässt sich dieser farbenfrohe Schmetterlingsgarten verwirklichen.

sie selbst anziehen will, sät sie im April aus und zieht sie in Gefäßen vor. Ab September pflanzt man die Sämlinge dann an den endgültigen Standort, wo sie als Blattrosette überwintern. Erst im Folgejahr blühen sie auf. Der Schmetterlingsstrauch blüht am einjährigen Holz, deshalb schneidet man ihn jährlich nach dem Winter bis kurz über den Boden zurück. So bildet er viele frische Triebe, die dann reichlich Blüten tragen.

Prachtvolle Wegbegleitung

Ein wildromantischer Mix aus allerlei Stauden säumt diesen gewundenen Pfad und verleiht ihm einen etwas verwunschenen Charme. Das Ende des Weges verschlucken hohe Stauden. Welches Geheimnis sich wohl dahinter verbirgt? Die Neugier lockt einen den Pfad entlang. So kann man im Vorbeigehen die ungeheure Staudenvielfalt, die in dieser Rabatte steckt, aus der Nähe bestaunen und genießen.

Da gedeihen Wildstauden wie das Ochsenauge in herrlicher Harmonie neben Prachtgestalten wie Taglilien und Rosen. Überraschende Düfte verführen plötzlich die Nase, etwa wenn man an der Nachtkerze vorüberschreitet. Vor allem in den Abendstunden verströmt sie ihr zauberhaftes Parfum. Alles wirkt wie zufällig entstanden, als hätte die Natur ihr Füllhorn ausgeschüttet.

Voraussetzung für das Gelingen dieser Pflanzung ist auch hier ein sonniger Standort. Extreme Hitze darf sich aber nicht entwickeln. Ideal ist ein Rahmen aus Laubgehölzen, die für hohe Luftfeuchtigkeit sorgen, ohne dabei die Beete zu beschatten. Auch der Boden darf nicht austrocknen, sondern sollte stets gut mit Wasser versorgt sein, jedoch keinesfalls Staunässe bilden. Die Mehrzahl der Pflanzen stellt auch einige Ansprüche an den Nährstoffhaushalt. Die ideale Grundlage für diese Pflanzidee ist daher ein guter, nährstoffreicher und humoser Gartenboden. Die verwendeten Arten gehören den Lebensräumen Freifläche, Beet und teilweise auch Gehölzrand an.

Gute Pflege

Wässern und düngen gehört zu den regelmäßigen Pflegeaufgaben, wenn die Blütenpracht über die Jahre nicht versiegen soll. Man kann sich die Arbeit jedoch erleichtern, indem man im Frühjahr Langzeitdünger oder eine dicke Packung Kompost ausbringt. Dieser wird im Boden erst nach und nach umgesetzt und gibt seine Nährstoffe über einen langen Zeitraum hinweg ab. Außerdem erhöht er den Humusgehalt und verbessert damit die Bodeneigenschaften. Das wiederum reduziert die Arbeit mit der Gießerei.

Auf gutem Boden muss man nur zum Gartenschlauch greifen, wenn es im Sommer anhaltende Trockenperioden gibt. Während der übrigen Jahreszeiten versorgen sich die Pflanzen selbst.

Bei Rosen, Taglilien und Nachtkerzen entfernt man laufend verwelkte Blütenköpfe. Diese Maßnahme spart den Pflanzen Kraft, die sie stattdessen in neue Blütenansätze stecken können. Den Garten-Salbei, der hier in der eher seltenen weiß blühenden Form vertreten ist, stutzt man nach der ersten Blüte im Juli bis kurz über den Boden zurück. So lässt er sich zum raschen Neuaustrieb und zu einer zweiten Blüte anregen.

Glockenblumen werden von Schnecken fast noch mehr geliebt als vom Menschen. Besonders den jungen, zarten Austrieb im Frühjahr gilt es daher gut vor den gefräßigen Schleimern zu schützen.

Die Vermehrung gelingt übrigens bei vielen der hier verwendeten Stauden recht einfach, und man kann sich getrost einmal selbst daran wagen. Taglilien, Glockenblumen und Nachtkerzen bilden im Lauf der Zeit immer breitere Horste. Sie lassen sich nach einigen Jahren problemlos teilen. Dazu gräbt man sie aus und sticht den Wurzelballen mit dem Spaten in zwei oder mehrere Teile, die dann an verschiedenen Stellen neu eingepflanzt werden. Die beste Zeit dafür ist der Herbst oder das Frühjahr.

Glockenblumen lassen sich auch gut aussäen. Sie haben allerdings nur winzige Samen, deshalb bedeckt man sie nur hauchdünn mit Erde. An Standorten, die ihnen zusagen, versamen sie sich von alleine und tauchen dann in den Folgejahren an den verschiedensten Stellen im Garten wieder auf. Oft bereichern sie auf diese Weise die Gestaltung und wo sie gar nicht in Ihr Konzept passen, pflanzen Sie die Sämlinge eben an geeignetere Plätze um.

Zur blütenreichen Gesellschaft dieser Pflanzung, die Sonne, aber auch die kühlende Nachbarschaft hoher Gehölze liebt, gehören folgende Arten:

1 2 x Taglilie *(Hemerocallis-*Hybride), 40–110 cm , VI–VIII, rosa mit gelbem Schlund

2 2 x Muskateller-Salbei *(Salvia sclarea)*, 80–120 cm, VI–VIII, rosa, hellblau, weiß

3 5 x Beet-/Strauchrose, öfterblühend, 40–120 cm, rosa z.B. 'Leonardo da Vinci`, weiß z. B. 'Schneewittchen', rot z. B. 'Montana'

4 2 x Ochsenauge *(Buphthalmum salicifolium)*, 50 cm, VI–IX, goldgelb

5 7 x Pfirsichblättrige Glockenblume *(Campanula persicifolia)*, 50–100 cm, VI–VIII, blauviolett und 'Grandiflora Alba' weiß

6 2 x Bergaster *(Aster amellus)* z. B. 'Lady Hindlip', 60 cm, VII–IX, rosa

7 2 x Nachtkerze *(Oenothera tetragona)*, 40–70 cm, VI–VIII, gelb

8 1 x Sommersalbei *(Salvia nemorosa* 'Adrian'), 50 cm, V–VII + IX, weiß

9 1 x Nachtkerze *(Oenothera tetragona* 'Hohes Licht'), 80 cm, VI–VIII, gelb

Sonnige Farbvariationen

Cottagegarten-Flair versprüht der Pflanzvorschlag auf dieser Seite. Die englischen Cottagegärten, die zu kleinen Landhäusern oder Bauernhöfen gehörten, dienten ursprünglich der Selbstversorgung. Hier wuchsen Gemüse, Kräuter und Blumen bunt durcheinander. Auch die Vorgärten zierten üppige Blüten und stattliche Prachtstauden, so wie in diesem Beet. Es greift das Miteinander und Nebeneinander vieler Farbtöne auf, wodurch sich eine muntere, lebenslustige Atmosphäre breit macht.

Die hohen Stockrosen brauchen mitunter eine Stütze, damit sie aufrecht bleiben. Schneidet man sie direkt nach der Blüte bodennah ab und sammelt von Malvenrost befallene Blätter

ab, verlängert das die Lebenszeit der ansonsten meist zweijährig wachsenden Pflanze.

Alle drei Pflanzvorschläge beanspruchen etwa fünf Quadratmeter Platz und einen sonnigen Standort. Sie lassen sich auch in kleinen Gärten oder in einer Gartennische verwirklichen.

Feuer und Flamme könnte man das Staudenbeet rechts oben betiteln. Es leuchtet in den herrlich warmen Farbtönen der Sonne Gelb, Orange, Rot und heizt dem Betrachter mächtig ein. Wo diese Pflanzenkombination im Garten strahlt, geht die Sonne selbst an trüben Tagen niemals ganz unter.

Unterstützen Sie die Schwert- und Taglilien mit regelmäßigen Düngergaben bei ihrem Kräfte zehrenden Blütenfeuerwerk. Während der Hauptwachstumszeit versorgt man sie am besten alle acht Wochen mit einem Volldünger.

Kühl romantisch kommt die Kombination darunter daher. Rosa von pastellig bis kräftig, benachbart von vornehm kühlem Weiß wirkt zurückhaltend und dezent. Die Pflanzung scheint auf Distanz zu gehen, im Vergleich zu den temperamentvollen rot-gelben Beeten, die sich optisch eher in den Vordergrund drängen.

Katzenminze, Federnelken und Sommer-Salbei fühlen sich auch in großer Hitze pudelwohl. Der Phlox braucht dann jedoch unbedingt zusätzliches Wässern.

Ganz im Stil englischer Cottagegärten blühen hier Prachtstauden in vielen bunten Farben um die Wette und verbreiten eine heitere Atmosphäre.

Diese Pflanzen brauchen Sie:

1 4 x Sonnenbraut (*Helenium* 'Moerheim Beauty'), 80 cm, VII–IX, leuchtend braunrot

2 3 x Stockrose (*Alcea rosea*), 180 cm, VI–VIII, in unterschiedlichen Farben

3 3 x Sonnenbraut (*Helenium* 'Goldrausch'), 140 cm, VII–IX, gelb

4 4 x Purpursonnenhut (*Echinacea purpurea*), 80 cm, VI–IX, purpurrosa

5 3 x Prachtscharte (*Liatris spicata*), 70 cm, VII–IX, rotpurpur

6 3 x Taglilie (*Hemerocallis* 'Lexington'), 80 cm, VI–IX, hellgelb

7 4 x Fetthenne (*Sedum* 'Matrona'), 40 cm, VIII–X, hellrosa

Ganz schön heiß: Diese feurige Pflanzkombination drückt ihre Vorliebe für einen sonnigen Standort auch in ihren Blütenfarben aus.

Diese Pflanzen brauchen Sie:

1 3 x Sonnenbraut (*Helenium* 'Moerheim Beauty'), 80 cm, VII–IX, leuchtend braunrot

2 3 x Goldgarbe (*Achillea filipendulina* 'Coronation Gold'), 80–100 cm, VI–IX, goldgelb

3 3 x Schwertlilie (*Iris*-Barbata-Elatior-Hybride), 90 cm, V–VI, goldgelb

4 4 x Sonnenhut (*Rudbeckia fulgida* 'Goldsturm'), 60 cm, VI–X, goldgelb

5 3 x Taglilie (*Hemerocallis* 'Maikönigin'), 60 cm, V–VIII, gelb

6 4 x Nelkenwurz (*Geum* 'Feuerball'), 50 cm, VI–VIII, scharlachrot

7 4 x Heiligenkraut (*Santolina rosmarinifolia*), 40 cm, VII–VIII, gelb

Diese Pflanzen brauchen Sie:

1 3 x Storchschnabel (*Geranium* × *oxonianum* 'Claridge Druce'), 50 cm, VI–VII, rosa

2 3 x Sommer-Salbei (*Salvia nemorosa* 'Rosakönigin'), 40 cm, VI–IX, rosa

3 3 x Phlox (*Phlox maculata* 'Rosalinde'), 80 cm, VI–VIII, rosa

4 3 x Jakobsleiter (*Polemonium caeruleum* 'Album'), 40 cm, VI–VIII, weiß

5 4 x Katzenminze (*Nepeta* × *faassenii* 'Snowflake'), 25 cm, V–IX, weiß

6 4 x Blaukissen (*Aubrieta* 'Royal Red'), 10 cm, IV–V, karminrot

7 4 x Federnelke (*Dianthus plumarius*), 25 cm, VI–VII, rosa

Ein Beet, das Romantikerherzen höher schlagen lässt. Dezent und hintergründig mischen sich rosa und weiße Pflanzen verschiedener Blütenformen.

Die Mischung macht's

Wie gelingen harmonische Beete?
Welche Kombinationen empfinden wir als ansprechend und gelungen? Warum wirken andere eher zusammenhanglos, wie ein Sammelsurium an Pflanzen?

Ähnliche Standortvorlieben wie auf Seite 39 erläutert, sind nur ein Kriterium. Klar, die Bedürfnisse einer Art an Licht und Bodenverhältnisse müssen erfüllt sein, damit sie sich

auch langfristig gut entfaltet. Hat ein Pflanzpartner mit unpassenden Verhältnissen zu kämpfen, wird er zwischen den Beetbegleitern, für die die Bedingungen optimal sind, über kurz oder lang untergehen.

Doch Beetgestaltung bedeutet mehr. Damit die Ästhetik stimmt und das Auge genießt, müssen Wuchsformen zusammenpassen, Farben harmonieren und Blütenformen Ab-

wechslung bieten. In größeren Rabatten kommen die Einzelpflanzen nur zur Geltung, wenn die Anlage eine vernünftige Höhenstaffelung aufweist.

Formen und Farben

Einem Inselbeet, mitten im Rasen gelegen oder im Vorgarten, wo es von allen Seiten aus betrachtet werden kann, gibt man sinnvollerweise ein erhöhtes Zentrum. Stattliche Stauden wie Rittersporn, Astern oder Sonnenauge bilden eine erhabene Mitte. Zu den Rändern der Pflanzung hin schließen sich dann Arten von geringerer Höhe an. Den Beetabschluss verschönern niedrige Polsterstauden oder Bodendecker, etwa Frauenmantel, Woll-Ziest oder Pfingstnelken.

Rabatten vor einer Hauswand oder einem Zaun wird man dagegen von vorne nach hinten aufsteigend strukturieren. Bedenken Sie bei der Auswahl der Pflanzen auch, dass selbst die blühfreudigste Staude Blätter besitzt. Außerhalb der Blütezeiten stellen sie den einzigen Schmuck dar. Gefällige Kompositionen variieren daher auch in den Laubformen. Runde, behaarte Blätter von Frauenmantel z. B. konterkarieren tief gelappte, wie sie der Storchschnabel zu bieten hat. Lange schmale, wie bei den Taglilien, kontrastieren mit breiten oder runden, etwa von Funkien oder Bergenien. Und nicht zuletzt

Arten- und abwechslungsreich blüht dieser Garten voller typischer Bauerngartenstauden. Der Farbenmix verbreitet lebensfrohes, heiteres Flair.

Die Höhenstaffelung passt sich der Blickrichtung an. An den Zaun lehnen sich die höchsten Stauden. Davor fallen die Pflanzenhöhen zum Betrachter hin ab. Zierliche Gestalten sorgen zwischen wuchtigen Horsten für Leichtigkeit.

trägt die Blattfarbe zur Belebung der Szene bei. Silberblättrige, wie Heiligenkraut oder Lavendel, stechen neben dunkelgrün glänzendem Rosenlaub besonders wirkungsvoll ab.

Die Blüte ist und bleibt natürlich das auffälligste Merkmal der Stauden und Sommerblumen und steht bei der Planung meist im Mittelpunkt. Blüten bringen Farbe in den Garten, und tatsächlich prägt die Farbkomposition der Blütenpflanzen die Ausstrahlung eines Gartens in besonderem Maße. Kunterbunte Mischungen erzeugen ein lebhaftes, munteres Flair. Die Bauerngärten

vergangener Zeiten waren von solcher Üppigkeit geprägt, aber auch die englischen Cottagegärten. Die Beschränkung auf wenige Farben oder gar nur eine wirkt dagegen eleganter. Farbverläufe Ton-in-Ton zaubern romantische Atmosphäre. Kühle Farben wie Blau gehen auf Distanz und lassen einen Garten größer erscheinen. Warme Farben, also Rot und Orange, rücken mit Temperament optisch in den Vordergrund.

Grundsätzlich gilt es vor jeder Pflanzung zu überlegen, ob sich die Pflanzen in ihrer Blütezeit ergänzen sollen oder ob ein gleichzeitiger Blütenhöhepunkt angestrebt wird. So

schön es ist, wenn zu jeder Jahreszeit etwas blüht, die atemberaubenden Effekte, die ein gemeinsames Blütenfeuerwerk im Beet erzielt, sollte man sich nicht entgehen lassen. Wenigstens Überschneidungen sollte es geben. Oft ist es auch eine Platzfrage. Bei sehr kleinen Beeten ist es sinnvoller, sich auf einen Blütezeitraum zu beschränken und die weiteren Jahreszeiten an anderen Stellen im Garten zu zelebrieren.

Last not least lebt die gelungene Rabatte auch von abwechslungsreichen Blütenformen: Kerzen neben Schirmen, Glocken zwischen Sonnenscheiben (siehe dazu auch S. 52).

Ein Beet voller Spannung und Dynamik, das einen Problemstandort in einen Blickfang verwandeln kann. Dafür sorgen abwechslungsreiche Wuchs- und Blütenformen sowie ein leuchtender Farbdreiklang.

Lebenskünstler unter sich

Selbst trockene, karge Standorte in voller Sonne und Hitze genügen den anspruchslosen Lebenskünstlern dieser heiteren Pflanzenkombination. Die bezaubernden Asketen fühlen sich an warmen Plätzen erst richtig wohl. Die einzige Ausnahme bildet die Kissen-Aster. Sie bevorzugt etwas humosere, gut wasserversorgte Böden. In dieser Pflanzung sollte man ihr reichlich Kompost ins Pflanzloch geben und ihr mit der Gießkanne regelmäßig Erfrischung zukommen lassen. Alle anderen Sonnenanbeter entwickeln sich auch auf sandigen, eher trockenen und nährstoffarmen Böden noch gut.

Königskerzen entfalten oft selbst in den schmalen Ritzen zwischen Pflasterfugen ihre stattliche Gestalt. Die aromatischen Kräuter Ysop und Polster-Thymian, die aus dem Mittelmeerraum stammen, finden auf steinig kargen, besonnten Plätzen heimische Bedingungen vor. Das gleiche gilt für das Wimpern-Perlgras. Für diese Gewächse darf der Untergrund gerne etwas kalkhaltig sein, denn in natura besiedeln sie gerne felsige Berghänge. Die Teppich bildende Fetthenne gehört ebenfalls zu den Asketen, die ihre volle Schönheit am besten in Stein- oder Steppengärten entfalten.

Mit exotischer Begleitung

Geradezu abhängig von Wärme und Sonne sind die grazilen Verbenen. Die Exoten stammen aus Brasilien und Argentinien. Dort werden sie als Stauden Jahre alt. Bei uns schaffen sie es nur an sehr geschützten Standorten mit etwas Winterschutz über die frostige Jahreszeit, Decken Sie die Pflanzen mit Vlies oder trockenem Laub und Fichtenreisig ab. Ansonsten behandelt man sie einfach wie Einjährige und pflanzt sie im Frühjahr wieder nach, sofern das überhaupt notwendig wird. Der filigrane Blüher samt sich nämlich meistens von alleine reichlich aus.

Die kleinen, aber zahllosen Blütchen erscheinen am Ende langer, nahezu kahler, sparrig verzweigter Stiele. So entsteht der Eindruck eines transparenten Blütenschleiers, der über den niedrigeren Polstern schwebt. Dazwischen setzen die langen, schlanken Kerzen der zweijährigen Königskerze gelbe Ausrufezeichen. In der Ebene darunter wechseln sich die Blütenformen ebenso kontrastreich ab. Die langen Scheinähren des Ysop ragen hoch auf, während die vielen kleinen »Sonnenscheiben« der Astern breite Polster bilden und die Gräser elegant bogig überhängen. Das lebendige Erscheinungsbild wird durch die Farbgebung noch unterstrichen: Gelb, Violett und Lila ergänzen sich zu einem leuchtkräftigen Bild.

Als Magnet für Insekten lässt sich das Beet gezielt im Garten einsetzen. Schmetterlinge fliegen auf diese Blütenkombination. Ysop und Thymian sind außerdem bei Bienen überaus beliebt, die die aromatischen Kräuter gerne als Nahrungsquelle nutzen. Der Ysop trägt daher sogar den Beinamen Bienenkraut. Frische Blätter und Triebspitzen lasen sich auch als Würze in der Küche verwenden

---

Diese Pflanzen brauchen Sie:

1 4 x Verbene (*Verbena bonariensis*), 130 cm, VII–X, violett

2 3 x Schwarze Königskerze (*Verbascum nigrum*), 60–140 cm, VI–IX, gelb

3 6 x Ysop (*Hyssopus officinalis*), 40–60 cm, VII–VIII, blauviolett

4 5 x Teppich-Fetthenne (*Sedum floriferum* 'Weihenstephaner Gold'), 10–15 cm, VII–IX, leuchtend gelb

5 2 x Wimpern-Perlgras (*Melica ciliata*), 30–60 cm, V–VI, weißlich-gelb

6 1 x Kissenaster (*Aster dumosus* 'Rosenwichtel'), 30 cm, IX–X, dunkelrosa

7 1 x Pyrenäen-Aster (*Aster pyrenaeus* 'Lutetia'), 60 cm, VIII–IX, helllila

8 2 x Polster-Thymian (*Thymus praecox* 'Purpurteppich'), 8 cm, VII–VIII, purpurrot

Majestätischer Blütenreigen

Von allem das Beste und davon nicht zu wenig, so könnte man das Motto dieser Gartenszene auf den Punkt bringen. Hier waren leidenschaftliche Gärtner am Werk, die Prachtgestalten und Dauerblüher zu einem eindrucksvollen Team verbunden haben, das über viele Monate hinweg für tolle Perspektiven sorgt.

Königin Rose dominiert das Bild. Sie hüllt den Rosenbogen in duftende zartrosa Blütenwolken und lädt zum Betreten des dahinter liegenden Gartenraumes ein. Zu ihren Füßen breitet Katzenminze ihre lockeren Horste aus und überspielt geschickt die oft etwas kahle Basis der Kletterrosen am Gerüst. Mit ihrem zarten Lilablau setzt sie einen perfekten, vornehmen Farbkontrast zum Pastellton der Rose.

Der Sommersalbei intensiviert das Blau und spielt das Farbthema fein nuanciert weiter. In diesem Sinne greift auch die Beetrose das Kolorit ihrer kletternden Schwester auf und spiegelt es am Wegrand. Nur der Frauenmantel bricht mit seinem erfrischenden Grün-Gelb das Schema auf und bringt für die Dauer seiner Blüte eine respektlos heitere Note ins vornehme Team. Nach dem Welken bereichert er die Szene noch durch seine schmucken, behaarten Blätter. Auch die Funkien im Vordergrund steuern ihr sattes Blattgrün bei und sorgen für einen optischen Gegenpol zum Blütenüberfluss.

Kultivierte Pracht

Der glanzvolle Auftritt braucht natürlich helfende Hände. Rosen gehören zu den anspruchsvollen Geschöpfen im Garten und wollen gut ernährt sein (siehe auch Kapitel 2). Kompost oder ein Langzeitdünger zum Saisonstart gibt ihnen die Kraft für üppiges Wachstum und reichen Blütenansatz. Versorgen Sie bei dieser Gelegenheit auch gleich Funkien, Rittersporn, Frauenmantel und Sommersalbei mit einer Lage Kompost. Damit Katzenminze, Sommersalbei und Rittersporn bis zum Herbst ihren blaublütigen Charme versprühen, schneidet man sie nach der ersten Blüte komplett kurz über dem Boden ab. So veranlasst man sie zu neuem Austrieb und einer zweiten Blüte. Auch den Frauenmantel kann man so behandeln. Er blüht in der Regel zwar nicht mehr nennenswert nach, bildet aber hübsche, neue Horste, die kompakter als die ersten nachwachsen. Bei dieser Anstrengung sollte man die Stauden mit einer weiteren Düngergabe unterstützen.

Bei den öfterblühenden Beetrosen entfernt man laufend abgeblühte Blumen. Das gilt auch für die Kletterrose am Bogen, es sei denn Sie haben sich für eine einmalblühende Sorte entschieden. Diese blühen zwar kürzer, überzeugen dafür mit üppigerem Wuchs. Achten Sie bei der Funkienauswahl für diesen Standort unbedingt auf sonnenverträgliche Sorten.

Diese königliche Gartenszene gedeiht auf einem guten, nahrhaften Gartenboden in sonniger Lage.

1 1 x Kletterrose z. B. 'Compassion', öfterblühend, oder 'Constance Spry', einmalblühend, beide 200–350 cm, rosa, duftend

2 4 x Katzenminze (*Nepeta* × *faassenii*), 20–40 cm, V–IX, lilablau

3 4 x Sommersalbei (*Salvia nemorosa*), 40–80 cm, V–VIII, blauviolett

4 1 x Beetrose z. B. 'Home & Garden', 70–80 cm, öfterblühend, rosa

5 1 x Rittersporn (*Delphinium*-Hybride z. B. 'Piccolo', 60–70 cm, VI–VII + IX, enzianblau

6 3 x Nachtkerze (*Oenothera tetragona*), 40–70 cm, VI–VIII, gelb

7 3 x Funkie (*Hosta*-Hybride z. B. 'Honey Bells'), 60–80 cm, VIII, lila

EXTRA: Beetgestaltung

Gartenprofis gehen bei der Planung einer Anlage oft so vor: Zunächst wird ein Thema bestimmt, etwa Cottagegarten, Steppengarten, naturnaher Garten oder dergleichen. Mitunter legt man auch nur ein Farbmotto fest, etwa einfarbig weiß oder kontraststark blau und gelb. Bei der Auswahl der Pflanzen für ein Beet unterscheiden Fachleute dann nach drei Typen:

● **Leitpflanzen:** Sie werden zuerst bestimmt, denn sie dominieren die Ausstrahlung des ganzen Ensembles. In der Regel sind es die größten Vertreter oder solche, die durch besondere Wuchsform oder Farbe hervorstechen. Unter den Stauden sind für diese Rolle z.B. Rittersporn oder Bart-Iris prädestiniert. Aber feste Definitionen gibt es nicht. Setzt man den Rittersporn zwischen üppige Rosen, rutscht er von der Leit- in die Begleitpflanzenfunktion.

● **Begleitpflanzen:** Sie sind von geringerer Höhe und bilden im Zusammenspiel die mittlere Etage in der Rabatte. Sie werden in Aussehen und Farbe auf die Leitpflanzen abgestimmt und in größerer Zahl gepflanzt. Typische Begleitpflanzen sind z.B.. Mädchenauge oder Storchschnabel.

● **Füllpflanzen:** Sie schließen die noch vorhandenen Lücken im Beet. In der Regel sind es niedrige Arten, oft Bodendecker oder Blattschmuckpflanzen, die in hohen Stückzahlen gesetzt werden.

Beachten Sie bei der Abstimmung der Begleit- und Füllpflanzen nicht nur Blütezeit und -farbe. Auch die Blütenformen sollten dem Auge Abwechslung bieten. Ihre Rolle wird umso gewichtiger, je geringer die Anzahl der Blütenfarben ist. Einfarbige Beete leben von unterschiedlichen Blütenständen, etwa weiße Fingerhutkerzen zwischen runden weißen Rosenblüten, untermalt von filigranen Schleierkraut-Tüpfelchen. Auch Wuchsformen und Blattfarben kommt dann eine noch stärkere Bedeutung zu (siehe auch S. 46/47).

Richtigen Schwung bekommt eine Rabatte erst durch die Anordnung der Pflanzen. Vermeiden Sie starres

Top-Kombination durch die Vielfalt an Blütenformen bei sanften Farbübergängen: Phlox-Kuppeln hinter Kugeldisteln und Sonnenscheiben des Purpur-Sonnenhuts.

Der Schuppenkopf blüht zunächst am Mitteltrieb. Ist die Zentralblüte verwelkt, kappt man sie direkt über den Seitentrieben des Blütenstands.

Aufreihen in geraden Linien. Das wirkt statisch und langweilig. Damit eine Pflanzung möglichst natürlich aussieht, ordnet man die Stauden in kleinen Gruppen an, die sich an verschiedenen Stellen im Beet wiederholen.

Am besten pflanzt man diese Gruppen als geschwungene Pflanzenbänder ineinander, der Fachmann spricht von »drifts«. So erhält die Rabatte Rhythmus und Dynamik.

Verlängerung der Blüte

Pflegearbeiten im Sommer fallen relativ wenige an. Wer sich jedoch angewöhnt, auf den täglichen Gartenrundgang die Schere mitzunehmen, kann die Blütezeit vieler Stauden und Sommerblumen um Wochen verlängern. Entfernen Sie laufend alle verwelkten Blütenköpfe. Das erspart den Pflanzen die Kraft raubende Samenbildung, und sie stecken ihre Energie in weitere Blüten. Vor allem bei den sich verausgabenden Sommerblumen ist dies wichtig, aber auch bei Stauden wie Spornblumen, Lupinen oder Bartfaden funktioniert diese Maßnahme.

Andere Staudenarten lässt man zunächst völlig abblühen. Dann schneidet man sie bis kurz über den Boden komplett zurück. Sie treiben bald neu durch und bilden frische Blätter und eine zweite Blüte. Zu dieser Gruppe gehören z. B. Rittersporn, Katzenminze, Sommer-Salbei, Flockenblume und Feinstrahlaster. Indianernesseln blühen zwar nicht mehr, bleiben aber so eher mehltaufrei.

| SO GEHT'S | **einfach & schnell** |

🌼 Die Standortvorlieben einer Pflanze müssen erfüllt sein, damit sie sich im Garten langfristig gut entwickelt. Eine Orientierungshilfe bei der Pflanzenauswahl bietet der natürliche Lebensraum einer Art an ihrem Heimatstandort.

🌼 Sonnige Standorte können von trockenem, sandig-steinigem Untergrund geprägt sein. Hier gedeihen dann nur genügsame Arten. Auf humus- und nährstoffreichen Böden bieten sonnige Plätze Prachtstauden und einer Fülle anderer anspruchsvoller Pflanzen ideale Wachstumsbedingungen.

🌼 Die Beetgestaltung sollte sich, trotz der großen Auswahlmöglichkeiten an Blütenpflanzen, nicht nur an der Blütenfarbe orientieren, sondern auch deren Form sowie Blattwerk und Wuchseigenschaften der Pflanze berücksichtigen.

🌼 Sommerlicher Rückschnitt verwelkter Blüten verlängert die Blütenpracht bei Stauden und Sommerblumen um Wochen.

Charmante Schattengesellschaften

Vom Zauber »zwielichtiger« Verhältnisse

Schatten ist nicht gleich Schatten und ein lichtarmer Garten noch lange kein Grund, in Resignation zu verfallen. Es gibt eine Fülle von Pflanzen, die gerade die gedämpften Lichtverhältnisse lieben. Sie verwandeln die Schattenseiten Ihres Grundstücks in ein farbenfrohes Paradies oder einen üppig grünen Urwald. Man muss nur die passenden Akteure einsetzen. Schaut man der Natur über die Schulter, kann man viel über die richtige Rollenverteilung lernen.

Dabei unterscheidet man gärtnerisch zunächst zwischen Halbschatten und Schatten. An Ost- und Westseiten von Gebäuden etwa scheint die Sonne oft nur für wenige Stunden am Morgen oder abends. Dazwischen bleiben die Beete ohne direkte Sonneneinstrahlung. Das sind typische halbschattige Standorte. **Halbschattig** oder **lichtschattig** nennt man aber auch Plätze am Gehölzrand oder unter den hohen Kronen laubabwerfender Bäume, die wechselndem Licht und wanderndem Schatten ausgesetzt sind. Mit jedem Windhauch bewegt sich das Astwerk und lässt Sonnenflecken über die Erde tanzen. Im Winter und Frühjahr,

wenn die Krone laublos dasteht, liegt der Wurzelbereich oft sogar in voller Sonne. Im Sommer taucht ihn dichtes Blattwerk dann erst in Schatten.

Der Boden solcher Standorte weist durch den ständigen Laubfall in der Regel hohe Humusgehalte auf. Im Wurzelbereich hoher Bäume kann er ziemlich trocken sein, da das dichte Wurzelwerk das ganze Wasser aufnimmt. Auch am Saum von Sträuchern oder Hecken, der der Sonne zugeneigt liegt, herrschen eher warm-trockene Bedingungen, während die abgewandte Seite oft kühl und feucht ist. Viele Zwiebelblumen finden an Gehölzrändern den idealen Lebensraum, etwa Schneeglöckchen, Winterlinge und Co., aber auch höhere Stauden wie Waldgeißbart, viele Storchschnabelarten oder Prachtspieren fühlen sich hier wohl.

Urwaldatmosphäre

Selbst im ständigen Schatten gut eingewachsener Gehölzbestände gedeihen noch einige Spezialisten. Waldstauden, Farne, Waldgräser und Rhododendren beleben das Dunkel. Vor allem aber geben großlaubige Blattschmuckpflanzen solchen Plät-

zen einen Hauch üppigen Urwaldflairs. Sie genießen die hohe Luftfeuchtigkeit unter den Laubgehölzen und den natürlichen Sonnenschirm. Denn große Blätter verdunsten viel Wasser und vertragen daher Sonne und Hitze schlecht. Farne, Funkien und Bergenien haben hier ihren großen Auftritt, aber auch Waldstauden wie Waldmeister, Leberblümchen und Lungenkraut, Zwiebelblüher wie das Buschwindröschen oder Gräser wie Japan-Segge, Japan-Waldgras oder Waldmarbel.

Für all diese »Schattengestalten« sollte der Boden, wie in einem natürlichen Wald, sehr humos und eher frisch bis feucht sein. Herbstliches Falllaub entfernt man am besten gar nicht erst aus den Beeten. Es liefert während des Verrottungsprozesses laufend neues Humusmaterial nach. Viele Waldbewohner gedeihen außerdem als ausgeprägte Flachwurzler. Ihre Wurzeln beschränken sich hauptsächlich auf die oberste Humusschicht. Bodenbearbeitung birgt die Gefahr, sie zu beschädigen.

Licht ins Dunkel bringen auf halbschattigen und schattigen Standorten nicht nur leuchtende Blütenfarben. Viele der beliebtesten Blattschmuckpflanzen gibt es in buntlaubigen Varianten. Allein unter den Funkien zählt man Dutzende

◄ Im Wechselspiel von Licht und Schatten fühlen sich viele Waldstauden, Blattschmuckpflanzen und Immergrüne wohl. Hier präsentieren Funkien, Buchs, Fingerhut, Waldglockenblume und Bergenien den Schatten von seiner schönsten Seite.

Sorten, die mit grün-weiß oder grün-gelb gemusterten Blättern sowie vielerlei Grüntönen aufwarten. Sie hellen selbst an trüben Tagen dunkle Gartenecken auf und das während der ganzen Saison. Denn Blätter leben länger als Blüten. Aber auch Lungenkraut, Japan-Segge und Japan-Waldgras gibt es in panaschierten und marmorierten Formen, die Schattenbeete charmant beleben. Purpurglöckchen steuern allerlei Rot-Orange- und Carameltöne bei, und manche Bergenien setzen mit rotem Herbstlaub Highlights ins Beet. Langeweile und Tristesse brauchen im Schattengarten also keineswegs aufkommen.

Der Frühling lässt sein blaues Band...

Nur stundenweise Licht und ansonsten Gebäudeschatten prägen den Standort an der Hauswand (Grafik rechts). Dennoch bekennen hier dekorative Stauden unentwegt Farbe. Geflecktes Lungenkraut und Weißrand-Funkie vom Blattaustrieb an bis zum Frost. Ihre weißen Blattanteile wirken wie helle Lichtreflexe im Schatten.

Speziell im Frühjahr leuchtet das Beet jedoch auf. Dann rufen die Blüten zur »blauen Stunde«, die hier viele Wochen lang andauert. Im März öffnet das Lungenkraut seine Knospen zu strahlend blauen Trichtern. Im April folgt das Kaukasus-Vergissmeinnicht in Himmelblau. Der Wald-Phlox fällt im Mai in den Reigen mit ein und legt einen betörenden Duftschleier über das Beet. Im Juni reckt die Funkie ihre lilablauen Blütenrispen gen Himmel. Sie werden nahezu doppelt so hoch wie die Blatthorste und behalten bis Juli ihre Farbe. In starkem Kontrast dazu stehen die scharlachroten Rispen des Purpurglöckchens mit ihren grazilen Blütchen am Ende dünner Stiele.

Ab August ist dann die blaue Phase beendet. Den Herbst koloriert die Teppich-Astilbe mit ihren rosa-violetten, fedrigen Blütenwedeln.

Dank des wintergrünen Laubs des Purpurglöckchens und der Frühlings-Hainsimse verkahlt das Beet auch in der kalten Jahreszeit nie völlig. Die Blätter und Halme dieser beiden Pflanzen bleiben präsent bis zum Frühjahr und werden erst dann vom frischen Austrieb abgelöst.

Bei der Frühlings-Hainsimse erfolgt er schon auffallend früh. Kaum sind die letzten Schneeflecken geschmolzen, erscheinen die frisch grünen Halme. Deshalb sollte man die Horste bereits im Spätwinter ausputzen und alle alten verbräunten Blätter entfernen. Im April schießen dann schon die Blütenstängel empor mit den doldenartigen Blütenständen, die eine bräunliche Farbe annehmen. Dieses zierliche, aber robuste Gras ist ausgesprochen schatten- und wurzeldruckverträglich und könnte daher auch gut unter dichtlaubigen, starken Gehölzen gedeihen.

Der Boden darf insgesamt frisch bis feucht sein in dieser Pflanzung, denn alle hier vertretenen Arten lieben eine gute Wasserversorgung, bei eher kühlen, luftfeuchten Bedingungen. Ein hoher Humusgehalt ist ebenfalls willkommen.

Achtung! Unter diesen Lebensbedingungen fühlen sich auch die Schnecken sehr wohl. Leider lieben sie Funkien mindestens ebenso sehr wie die Gärtner. Insbesondere bei feuchten, regenreichen Wetterlagen sollte man das Beet im Auge behalten und auf Schnecken hin kontrollieren. Gegebenenfalls sind beizeiten Abwehrmaßnahmen zu ergreifen.

Diese Pflanzen brauchen Sie:

1 4 x Geflecktes Lungenkraut (*Pulmonaria saccharata* 'Cambridge Blue'), 20–30 cm, III–V, hellblau

2 2 x Kaukasusvergissmeinnicht (*Brunnera macrophylla)*, 30–40 cm, IV–V, himmelblau

3 2 x Weißrand-Wellblatt-Funkie (*Hosta undulata* 'Albomarginata'), 40–50/80 cm, VI–VII, lila

4 3 x Wald-Phlox (*Phlox divaricata,* z. B. 'Clouds of perfume'), 30–40 cm, V–VI, blaulila

5 6 x Frühlings-Hainsimse (*Luzula pilosa* 'Igel'), 10–20 cm, IV–VI, bräunlich

6 4 x Purpurglöckchen (*Heuchera × brizoides* 'Leuchtkäfer'), 50–60 cm, VI–VII, scharlachrot

7 4 x Teppich-Astilbe (*Astilbe*-Chinensis-Hybride 'Christian'), 20 cm, VIII–IX, rosa-violett

Gebäudeschatten taucht das Beet den
größten Teil des Tages in gedämpftes
Licht. Großlaubige Funkien und blühende
Schattenstauden sorgen dennoch für
eine farbige Saison.

Farbenfrohe Prachtspieren

Alles andere als bescheiden fällt der Auftritt der zauberhaften Prachtspieren aus. Von Schattendasein kann bei ihnen keine Rede sein. Mit ihren großen, fedrigen Blütenständen, die bei einigen Sorten bis 30 Zentimeter Länge erreichen, ihren knalligen Farben und der teilweise stattlichen Höhe beweisen sie Starqualitäten. Prachtspieren oder Astilben, wie sie auch genannt werden, peppen lichtarme Gartenzonen mächtig auf.

In diesem Pflanzbeispiel bleiben sie nahezu unter sich. Dem Charme der Rabatte tut dies keinen Abbruch. Im Gegenteil, die enorme Vielfalt und der Sortenreichtum der Gattung erlaubt eine Fülle spannender Kombinationen, die keine Wünsche offen lassen. Weiße, rote, purpurviolette, rosa- und pinkfarbene Federbuschen mischen sich in perfekten Farbübergängen harmonisch ineinander und verleihen dem Schatten ein glutvolles Glimmen. Sorten unterschiedlicher Größe ermöglichen eine perfekte Höhenstaffelung. Vom 15-Zentimeter-Zwerg am Beetrand bis zur stattlichen 'Purpurlanze' von einem Meter Höhe im Hintergrund reiht sich Blütenetage über Blütenetage. Die geschickte Sortenwahl sorgt außerdem für Farbe von Juni bis Oktober. Die bunten Blütenwedel begleiten also die ganze Freiluftsaison. An diesem Beetrand lässt man sich gerne nieder und sucht Abkühlung und Schutz vor zu viel Sonne.

Kein Wurzeldruck

Halbschattige Standorte werden von diesen Prachtgestalten nämlich bevorzugt. Absonnige Plätze vor Gebäudemauern oder das wandernde Licht hoher Bäume bietet Astilben die richtigen Rahmenbedingungen. Halten Sie aber ausreichend Pflanzabstand zum Wurzelbereich der Gehölze ein. Denn Konkurrenzdruck vertragen Prachtspieren schlecht. Wo für gleichmäßige Bodenfeuchte gesorgt wird, blühen sie dagegen auch in der Sonne auf. Ideal sind kühle, luftfeuchte Orte an Teichrändern oder Wasserläufen, die aber frei von Staunässe bleiben müssen. Wasser von oben vertragen sie gut. Die Blüten trotzen selbst anhaltendem Regen. Und das Beste: Schnecken verschmähen Astilben!

Ideale Begleiter sind Farne und Gräser. Sie stellen ähnliche Ansprüchen an ihre Umgebung. Versehen Sie diese Rabatte im Herbst mit einer dicken Packung Kompost. Das sorgt für einen gleichbleibend hohen Humusgehalt und deckt Wurzelansätze ab, die bei Astilben gerne herauswachsen.

Diese Astilben-Gesellschaft entwickelt ihre Pracht im Halbschatten. Hohe Gräser und Laubgehölze sorgen für die passende Nachbarschaft.

1   4 x Prachtspiere (Astilbe-crispa-Hybride) z. B. 'Liliput', 15 cm, VII–VIII, hellrosa, harte, krause Blätter, verträgt auch Trockenheit

2   2 x Prachtspiere (Astilbe-chinensis-Hybride) z. B.. 'Veronica Klose', 40 cm, VIII–X, violettpurpur

3   3 x Prachtspiere (Astilbe japonica) z. B.. 'Red Sentinal', 60–80 cm, VII–VIII, rubinrot

4   3 x Prachtspiere (Astilbe x arendsii-Hybride) z. B. 'Brautschleier', 70–90 cm, VII–VIII, weiß

5   1 x Prachtspiere (Astilbe japonica) z. B. 'Deutschland', 50 cm, VI–VII, weiß

6   3 x Prachtspiere (Astilbe x arendsii-Hybride) z. B. 'Hyazinth', 100 cm, VI–VIII, lilarosa

7   3 x Prachtspiere (Astilbe tacquetii), z. B. 'Purpurlanze', 100 cm, VI–VIII, purpurn

Laubspielereien am Gehölzrand

Grün ist nicht gleich grün. Nebenstehendes Beispiel zeigt, wie viel Abwechslung allein unterschiedliche Laubformen und Farben in den Halbschatten an den Gehölzrand zaubern können. Die Gesellschaft findet im lichten Schatten unter einem Laubbaum und in der Nachbarschaft eines Teiches optimale Bedingungen. Hohe Luftfeuchtigkeit und durch die Baumkrone gefiltertes Licht schafft den idealen Rahmen, in dem sich großlaubige Pflanzenarten zu voller Schönheit entfalten und ein wenig Urwaldatmosphäre verbreiten.

Verschiedene Farne lassen hier ihre teils breiten, teil filigran gefiederten Wedel im Wind schaukeln. Funkien sammeln in ihren großen herzförmigen Blättern die Tautropfen am Morgen und auch im Zentrum der runden, samtig behaarten Frauenmantelblätter glitzert in der Frühe eine Wasserperle. Die grünlich-gelben Blütenwolken des Frauenmantels korrespondieren herrlich mit der goldenen Maserung der Gelbrand-Funkien, die hier gleich in mehreren Sorten unterschiedlicher Zeichnung brillieren. Damit die sonnigen Töne richtig zur Geltung kommen, inszenieren der Schlitzahorn und das Purpurglöckchen mit ihrem schwarzroten Laub dramatische, dunkle Kulissen dazwischen und eine Blaublatt-Funkie kühlt mit ihrem stählernen Farbton das sonnige Flair etwas ab.

Blüten spielen in diesem Szenario eigentlich die Nebenrolle. Der Frauenmantel kommt hier vor allem wegen seiner schmückenden Blätter zum Einsatz. Nur der Fingerhut lässt im Juni/Juli seine purpurrosa Lanzen in die Höhe schießen und setzt damit vertikale Akzente zwischen die breiten Blatthorste. Unterstützt wird er von den lang gestielten Blütenkerzen des Knöterich. Hier bringt die weißblühende Sorte 'Album' Kontrast vor den dunklen HIntergrund.

Humoser Boden

Frisch und kühl sollte die Atmosphäre für diese Pflanzengesellschaft sein, sowohl was die Luft als auch was die Bodenverhältnisse angeht. Trockenheit verträgt allenfalls der Schlitz-Ahorn. Die Blattschmuckstauden sind auf eine gute Wasserversorgung und den Verdunstungsschutz durch das Laubdach hoher Gehölze angewiesen. Regelmäßige Kompostgaben im Frühjahr erhalten den Boden humos und liefern die nötigen Nährstoffe.

Fingerhut wächst zweijährig. Schneidet man ihn gleich nach der Blüte ab, verlängert das seine Lebenszeit. Blüht er ab, sät er sich jedoch von selbst weiter aus.

Für Dschungelatmosphäre im Halbschatten hoher Baumkronen sorgen hier vielerlei Blattschmuckstauden und Farne.

1 1 x Schlitz-Ahorn *(Acer palmatum* 'Dissectum Atropurpureum'), 100–200 cm, rotlaubig

2 1 x Wurmfarn *(Dryopteris filix-mas)*, 50–110 cm

3 1 x Blaublattfunkie *(Hosta sieboldiana* 'Elegans'), 50–70 cm, VII–VIII, lila

4 1 x Gelbrandfunkie *(Hosta*-Hybr. 'Aureomarginata'), 50–70 cm, VIII, lila

5 1 x Purpurglöckchen *(Heuchera micrantha* 'Palace Purple'), 40 cm, VII–VIII, weiß, rotlaubig

6 2 x Gelbrandfunkie *(Hosta*-Hybr. 'Wide Brim'), 30–60 cm, VI–VII, lila

7 3 x Frauenmantel *(Alchemilla mollis)*, 30–50 cm, VI–VIII, gelb-grünlich

8 4 x Fingerhut *(Digitalis purpurea)*, 100–140 cm, VI–VII, rosa

9 1 x Kerzen-Knöterich *(Polygonum amplexicaule* 'Album'), 80–120 cm, VIII–X, rosa

Schmucke Nordseiten

Einen Blütenreigen von März bis Oktober entfesselt die Schattengesellschaft der Grafik unten. Während der ganzen Saison gibt es immer wieder neue Farbtupfer vor dem Fenster zu bestaunen und einen schönen Ausblick zu genießen.

An der Nordseite von Gebäuden erreicht oft den ganzen Tag kein Sonnenstrahl den Boden. Die Luft bleibt kühl und feucht, und auch die Erde speichert Feuchtigkeit lange. Die Pflanzen dieser Kombination

fühlen sich unter diesen Bedingungen pudelwohl. Besonders die Immergrünen, wie hier etwa Kletter-Hortensie, Bergenie und Riesen-Segge, entfalten hier ihren schönsten Blattglanz.

Im März eröffnen die Bergenien die Blütensaison und werden im Mai von Salomonsiegel und der Riesen-Segge abgelöst. Letztere blühen ununterbrochen bis zu den ersten Frösten durch. Im Juni breitet dann die Kletter-Hortensie ihre großen

Blütenteller aus, und die Primeln lassen ihre Kugelköpfe aufleuchten. Die Kerzen des Blutweiderich erröten ab Juli, und im August läuten die Herbstanemonen das Finale ein. Bis Ende Oktober hellen ihre pastellfarbenen Schalenblüten den Schatten auf.

Die Kletter-Hortensie gehört zu den Haftwurzelkletterern. Das heißt, sie zieht sich über Haftorgane selbst an Wänden hoch. Da das großlaubige, stattliche Gehölz im Lauf der Jahre aber sehr schwer werden kann und dem Wind viel Angriffsfläche bietet, empfiehlt es sich, eine zusätz-

Diese Pflanzen brauchen Sie:

1 1 x Kletter-Hortensie *(Hydrangea petiolaris)*, VI–VII, weiß, Klettergehölz, bis 10 m

2 1 x Riesen-Segge *(Carex pendula)*, 60/120 cm, V–VI, bräunlich

3 6 x Bergenien *(Bergenia-*Hybride, z.B. 'Carmen' oder 'David'), 30–40 cm, III–V, pink

4 2 x Herbst-Anemone *(Anemone-*Japonica-Hybriden, z.B 'Königin Charlotte'), 60–140 cm, VIII–X, hellrosa

5 7 x Etagen-Primeln *(Primula × bullesiana)*, 50 cm, VI–VII, orangegelb, lachsfarben, rosa

6 2 x Blutweiderich *(Lythrum salicaria)*, 80–130 cm, VII–IX, purpurrosa-pink

7 1 x Salomonsiegel *(Polygonatum-*Hybride 'Weihenstephan'), 60–100 cm, V–VI, weiß

8 1 x Trichterfarn *(Matteuccia struthiopteris)*, 60–120 cm

Der kühle, feuchte Platz unter dem Fenster an der Nordseite des Hauses blüht auf. Die Kletter-Hortensie erobert die dritte Dimension und gibt einen immergrünen Rahmen ab.

Auch ohne dominierende Blütenpracht lässt sich dem Schatten eine dekorative grüne Seite abgewinnen. Abwechslungsreiche Laubformen sorgen für Spannung.

liche Rankhilfe anzubringen. Wer diesen Aufwand scheut, könnte hier alternativ auch einen weiß blühenden Rhododendron pflanzen.

Blattschönheiten

Farbe ins Dunkel bringen bei obigem Beispiel weniger die Blüten als vielmehr die Blätter. Dreierlei Funkien demonstrieren die Bandbreite ihrer Art. Das grau bereifte Laub von 'Halcyon' betont die Kühle des Standorts. Weiß- und Gelbrand-Funkie halten muntere Highlights dagegen. Der rotlaubige Ahorn setzt einen feurigen Akzent in die Pflanzung. Buchsbaum und Schatten-Segge verleihen mit ihrem Immergrün eine winterbeständige Note,

während die filigranen, frischgrünen Wedel des Goldschuppenfarns etwas Grazie und Leichtigkeit ins Spiel bringen. Nur Gedenkemein und Porzellanblümchen wirken nicht allein durch ihre grünen Blätterteppiche, sondern überzeugen im Frühjahr auch durch leuchtende Blüten.

Diese Pflanzung erfodert nur geringen Pflegeaufwand. In jedem Frühjahr verteilt man Kompost zwischen den Stauden und entfernt abgestorbene Funkienblätter und Farnwedel. Bei anhaltender Trockenheit im Sommer oder wenn die Pflanzen im Regenschatten einer Mauer stehen, wird gelegentliches Gießen nötig. Im Winter die Funkie im Topf mit einer Packung Laub vor Frösten schützen.

Diese Pflanzen brauchen Sie:

1 1 x Buchsbaumkugel *(Buxus sempervirens)*, 30 cm

2 2 x Porzellanblümchen *(Saxifraga × urbium)*, 25 cm, V–VI, rosa

3 1 x Schatten-Segge *(Carex umbrosa)*, 40 cm, V–VI, immergrün

4 3 x Goldschuppenfarn *(Dryopteris affinis* 'Pinderi'), 50–80 cm

5 2 x Funkie *(Hosta × tardiana* 'Halcyon'), 50 cm, VII–VIII, lila, graublaues, bereiftes Laub

6 1 x Fächer-Ahorn *(Acer palmatum* 'Crimson Queen'), bis 2 m, rotlaubig

7 1 x Gelbrand-Funkie *(Hosta montana* 'Aureomarginata'), 60 cm, VII–VIII, blassviolett,

8 1 x Weißrand-Funkie *(Hosta crispula)*, 60 cm, VII–VIII, lila

9 12 x Gedenkemein *(Omphalodes verna)*, 15 cm, IV–V, blau

Wohnen am Rhododendronwald

Von hohen Bäumen umgeben, im lichten Schatten der belaubten Äste, fühlen sich Rhododendren besonders wohl. Als Immergrüne genießen sie die hohe Luftfeuchtigkeit und das gedämpfte Licht. Kein Wunder, ursprünglich stammen Rosenbäume (so die wörtliche Übersetzung von Rhododendron) aus feucht-kühlen Nebelwäldern gebirgiger Hochlagen oder aus subtropischen Dschungeln. Wald ist also ihre natürliche Umgebung, und so harmonieren sie auch besonders stimmig mit anderen Wald- und Waldrandgewächsen.

Zur Blütezeit im Mai/Juni verwandeln sich die Sträucher in atemberaubende Blütenkuppeln. Die großen Blumen in pastelligen oder kräftigen Farben heben sich kontrastreich vom dunklen, ledrig-glänzenden Laub ab. In unserem Beispiel greifen rosa Fingerhut und blühender Schnittlauch die Farbstimmung

perfekt auf. Funkien, Farn und Astilbe unterstreichen den Waldcharakter der Umgebung. Auf dieser Terrasse kann man an heißen Sommertagen ganz entspannt abkühlen.

Wo der Platz für einen Rhodo-Riesen wie 'Catawbiense Grandiflorum' fehlt, kann man auch auf kleinere Sorten zurückgreifen. Das Sortiment ist riesig und bietet für alle Platzverhältnisse, ja sogar für die Kübelkultur, passende Varietäten.

Saure Bodenreaktion

Unbedingte Voraussetzung für gesunde und blühwillige Rhododendren ist der passende Boden. Als so genannte Moorbeetpflanzen brauchen die Sträucher saure Erde. Das heißt, der pH-Wert sollte zwischen 4,5 und 5,5 liegen. Die meisten Gartenböden weisen einen höheren

Wert auf. Sicherheit geben handelsübliche Schnelltests, mit denen jeder den pH-Wert seines Gartenbodens einfach selbst bestimmen kann. Wo die Voraussetzungen nicht optimal sind, sollte man eine großzügige Pflanzgrube ausheben und den Wurzelraum mit spezieller Rhododendronerde anfüllen. Alternativ bietet der Fachhandel auch Sorten auf so genannten Inkarho-Unterlagen an, die auch mit höheren pH-Werten zurecht kommen.

Eine dicke Mulchschicht im Wurzelbereich ist die beste Pflege für die Waldpflanzen. Verteilen Sie immer wieder organische Gartenabfälle wie Stauden- und Rasenschnitt oder Fallaub im Wurzelbereich oder bringen Sie ausgereiften Rindenhumus aus. Eine ständige Mulchschicht von 5 Zentimetern ist ideal, im Winter darf sie auch auf 10 Zentimeter wachsen.

Hohe Luftfeuchte und gedämpftes Licht geben den passenden Rahmen ab für dieses Ensemble aus Rhododendron und Waldpflanzen. Der Rhododendron braucht saure Erde und eine ständige Mulchdecke an den Wurzeln.

1 1 x Rhododendron *(Rhododendron*-Hybride, z.B 'Catawbiense Grandiflorum'), 4–6 m hoch und fast ebenso breit, V–VI, lilarosa

2 4 x Fingerhut *(Digitalis purpurea)*, 100–140 cm, VI–VII, rosa

3 2 x Funkie *(Hosta*-Hybride z.B 'Royal Standard'), 40/100 cm, VII–VIII, weiß, duftend

4 5 x Schnittlauch *(Allium schoenoprasum)*, 20–30 cm, VI–IX, rosalila

5 1 x Prachtspiere *(Astilbe × arendsii*-Hybride, z.B 'Irrlicht'), 50–70 cm, VI–VII, weiß

Winterlinge und Krokusse sorgen im Frühjahr am Gehölzrand für rote Farbtupfer. Damit machen sie sich in der sonst noch sehr kalten Jahreszeit fast unersetzlich.

EXTRA: Teppichbildner

Im Frühjahr braucht die Natur eine Weile, um aus den Startlöchern zu kommen. Gehölze, Stauden und Sommerblumen müssen erst neu austreiben und Blattmasse bilden, ehe sie Blüten ansetzen. Bis Farbe ins Staudenbeet einzieht, dauert es daher, von wenigen Ausnahmen abgesehen, meist bis Mai. Will man bereits das erste Jahresdrittel kolorieren, bieten sich dafür gerade die Plätze im Garten an, die später im Halbschatten oder Schatten versinken. Unter Bäumen, zwischen Sträuchern und am Rand von Hecken aus laubabwerfenden Gehölzen fühlen sich zahlreiche Zwiebelblumen und Knollenpflanzen wohl.

Zu Jahresbeginn, wenn die Sträucher noch laublos sind, wärmen die ersten Sonnenstrahlen den Boden und sorgen für viel Licht. Vorfrühlings- und Frühlingsblüher wie Schneeglöckchen, Winterling, Krokus und Co. schieben jetzt ihre Blüten oft sogar noch zwischen den letzten Schneeresten hervor. Sind die Äste der Bäume dann voll beblättert, tauchen sie die Plätze darunter in wandernden, lichten Schatten. Der Boden wird dann trockener, weil die hohen Gehölze viel Wasser abziehen. Aber den Zwiebelpflanzen macht das nichts aus. Die Blüte ist bis dahin bereits vorbei. Auch die Blätter ziehen bald ein, und die unterirdischen Bulben überdauern den Sommer in trockener Erde besser als in zu feuchter. Denn die dickfleischigen Speicherorgane faulen bei Nässe schnell. Eine ausgeprägte Humusschicht tut den meisten Arten gut. Am besten lässt man Falllaub im Herbst einfach unter den Sträuchern liegen.

Blütenkolonien

Naturnaher Charme geht von den meist grazilen Schönheiten aus. Anemonen, Hasenglöckchen, Schneestolz, Blaustern und Märzenbecher etwa wirken mit ihren zarten Blütchen sehr fragil, dabei beweisen sie durchaus Eroberungsdrang. Über unterirdisch weiter kriechende Rhizome oder auch über die Bildung von Tochterzwiebeln breiten sie sich im Lauf der Jahre nämlich von alleine immer weiter aus und bilden großflächige Kolonien. Teilweise sorgt üppige Samenbildung zusätzlich für ihre Verbreitung.

Wo diese Blütenteppiche willkommen sind, sollte man jede Art von Bodenbearbeitung unterlassen, um die Wanderaktivitäten nicht zu stören. Die unterirdischen Organe verlaufen nämlich relativ nah an der Oberfläche und können leicht verletzt werden.

Auch unter den Stauden sind einige Spezialisten als Teppichbildner unter Gehölzen geeignet. Oft fällt ihre Blüte weniger spektakulär aus, dafür hält ihre Laubdecke die ganze Saison über an und toleriert sogar tiefen Schatten im Sommer sowie starken Wurzeldruck. Steinsame *(Buglossoides)* etwa gehört dazu, aber auch Elfenblume *(Epimedium)*, Haselwurz *(Asarum)*, Ysander *(Pachysandra)*, Gedenkemein *(Omphalodes)* und Waldsteinie *(Waldsteinia)*.

SO GEHT'S   **einfach & schnell**

❀ Auch auf halbschattigen und schattigen Standorten im Garten können farbenfrohe Beete entstehen, da viele Pflanzen, wie Waldstauden und Gräser, auf solche Plätze spezialisiert sind.

❀ Bei hoher Luftfeuchte und gedämpftem Licht fühlen sich vor allem großlaubige Blattschmuckpflanzen und Immergrüne wohl und sorgen für Urwaldatmosphäre.

❀ Flächen unter hohen Baumkronen, die von dichtem Wurzelfilz und Trockenheit geprägt sind, erfordern Pflanzenspezialisten, die sich unter diesen schwierigen Bedingungen dennoch behaupten.

❀ Zwiebelblüher sorgen zum Saisonstart für Farbe im lichten Schatten unter Bäumen und überbrücken die blütenarme Zeit.

Waldatmosphäre zaubern hier Teppich-Glockenblumen, Geißblatt, Funkien und Fingerhut in den Schatten unter Bäume.

Schöne Kulissen rund ums Wasser

Ein Quell an Möglichkeiten

Entspannung pur bringt Wasser in den Garten. Es spricht alle Sinne an und wirkt wie kein anderes Gestaltungselement auf Körper und Seele. Man findet Ruhe beim Beobachten des vielfältigen Lebens, das eine Wasserfläche in den Garten lockt. Libellen und andere Insekten schwirren darüber hinweg, Vögel erfrischen sich, und Frösche gehen baden. Man kann seinen Blick in glitzernde Oberflächen und kräuselnde Wellen versenken und dabei herrlich abtauchen und Alltagsstress vergessen. Man spürt und riecht die feuchte Luft und darf befreit aufatmen.

Kein Wunder, dass Wasser im Garten nach wie vor zu den Trendthemen gehört. Eine Fülle an Möglichkeiten, das nasse Element in den Garten zu integrieren, lässt es alle wechselnden Moden überstehen. Für jeden Geschmack und jede Gartengröße gibt es passende Gestaltungsvarianten.

Wo reichlich Platz vorhanden ist, kann sich ein Schwimmteich ausbreiten. Zierteiche nehmen jede Form und Größe an, selbst ein Fass auf Terrasse oder Balkon vermittelt den besonderen Zauber des Wassers. Aber es muss gar nicht immer eine stehende Oberfläche sein. Wie wäre es mit einem murmelnden Bachlauf oder einem plätschernden kleinen Wasserfall? Nichts ist beruhigender als das sanfte Gluckern und Rauschen bewegten Wassers. Bei beschränkten Platzverhältnissen fügen sich Springbrunnen oder Quellsteine auch noch in kleinste Gartennischen und sorgen mit ihrem Sprudeln für innere Harmonie.

Ufergestaltung von naturnah bis formal

Formlos wie Wasser nun mal ist, nimmt es die Gestalt an, die man ihm vorgibt. Von streng formalen Wasserbecken mit geometrischen Grundrissen und senkrechten Rändern bis hin zu natürlich wirkenden Teichen mit geschwungenen Ufern und sumpfigen Übergangszonen zum festen Boden ist alles möglich und erlaubt. Jede Lösung vermittelt ein anderes Bild und muss zur Architektur des Hauses und zum persönlichen Stil der Bewohner passen. Kerzengerade Kanäle wie in maurischen Gärten oder Gartenanlagen der Renaissance- und Barockzeit können auch hochmoderne Gärten bereichern. Wildromantische Ufer mit üppigem Staudenbewuchs versprühen rustikalen Landhauscharme. Zu Wassergärten à la Fernost passt eher eine puristisch grüne Umgebung, die Formen und Materialien betont.

Die Bepflanzung der Ufer prägt in jedem Falle entscheidend das Bild und integriert die Wasserfläche erst in den Garten. Neben persönlichen Pflanzenvorlieben und dem angestrebten Stil (z. B. Japangarten, Cottagegarten etc.) beeinflussen auch die Bauart (siehe S. 76/77) und der Standort die Pflanzenauswahl.

Auf der Suche nach dem richtigen Standort sollte man ein paar Grundüberlegungen anstellen: Wasser fließt nach unten und sammelt sich natürlicherweise am tiefsten Punkt des Grundstücks. Vielleicht lässt sich die vorhandene Topografie des Gartens nützlich in die Planung integrieren. Andererseits möchte man das Wasser vielleicht lieber dort, wo man sich am häufigsten aufhält, nämlich an der Terrasse. Dabei ist aber auch zu bedenken, dass das kühle Nass Insekten, auch Stechmücken, anzieht, was dort sicher eher unerwünscht ist. Wie auch immer die Entscheidung ausfällt, der Platz für einen Teich sollte etwa sechs bis acht Stunden Sonne am Tag abbekommen. Unter diesen Umständen gedeihen die meis-

◀ Hier bilden Frauenmantel, Storchschnabel und Sommer-Salbei ein Blütenmeer am Teichufer. Bambus und verschiedene Gehölze bilden den grünen Rahmen für die Wasserfläche und den Sitzplatz.

Seerosen sind Bewohner der Tiefwasserzone und brauchen einen Mindestwasserstand von 50 cm. Nur kleinwüchsige Sorten kommen mit geringeren Tiefen aus.

ten Wasser- und die blütenreichsten Uferpflanzen. Etwas Beschattung zur Mittagszeit schadet dagegen nicht. Es schützt im Sommer vielmehr vor Überhitzung und übermäßiger Algenbildung. Die unmittelbare Nähe zu hohen Bäumen gilt es aber zu meiden. Erstens könnten starke Wurzeln die Dichtigkeit des Untergrunds beschädigen. Und zweitens macht das Entfernen des Falllaubs von der Wasseroberfläche im Herbst ganz schön viel Arbeit.

Seerosen sind für viele der Inbegriff der Teichbepflanzung schlechthin. Als »Königinnen des Wassers« werden sie auch bezeichnet, dank ihrer wunderbaren großen Blumen und der langen Blütezeit. Um aus der Fülle der Sorten die passende zu finden, muss man vor allem die Wassertiefe des Teiches berücksichtigen. Die Majestäten sind Bewohner der Tiefwasserzone (siehe auch S. 82) und brauchen mindestens 50 Zentimeter Wasserstand unter ihren Blät-

tern. Bei flacheren Gewässern kommen nur kleinwüchsige Formen in Betracht. Für die gelungene Integration einer Wasserlandschaft in den Garten spielt aber ohnehin die Ufervegetation die entscheidendere Rolle.

Heitere Teich-Idylle mit Sonnendeck

Gelbe Blüten und panaschierte Blätter sorgen im Pflanzbeispiel rechts während der ganzen Saison für eine freundlich sonnige Atmosphäre. Zebragras, Zebra-Simse, Bunter Wasserschwaden und die Goldfelberich-Sorte 'Alexander' schmükken sich mit gelb-grün gemustertem Laub. Japan-Segge und Weißrand-Funkie steuern cremeweiße Streifen dazu bei. So wirkt das Ufer dieses Folienteiches stets licht- und sonnendurchflutet, weil die hellen Blattflecken wie kleine Lichtreflexe anmuten.

Gesellen sich dann ab Mai/Juni die gelben Blüten der Sumpfschwertlilie und des Goldfelberichs dazu, geht die Sonne auch an trüben Tagen nie ganz unter. Für Kontrastprogramm sorgen die blauvioletten Kerzen des Hechtkrauts, Schlangenknöterich und Wasserdost steuern Rosatöne dazu bei.

Die Pflanzengesellschaft lebt aber auch von der Vielfalt ihrer Laubformen. Schwertähnliche, runde, herzförmige und schlanke Halme wechseln sich spannungsreich ab. Dekorative Findlinge und Kieselsteine kaschieren die Uferlinie und schaffen einen gefälligen Übergang.

Diese Pflanzen brauchen Sie:

1 6 x Goldfelberich *(Lysimachia punctata* 'Alexander'), 70–80 cm, VI–VIII, goldgelb, gelb-grüne Blätter

2 1 x Wasserdost *(Eupatorium fistulosum* 'Atropurpureum'), 150–200 cm, VII–IX, purpurrosa

3 4 x Wiesen-Iris *(Iris sibirica),* 40–90 cm, V–VI, violettblau

4 1 x Japan-Segge *(Carex morrowii* 'Variegata'), 40–50 cm, IV, gelblich, weißgrüne Blätter, immergrün

5 4 x Bunter Wasserschwaden *(Glyceria maxima* 'Variegata'), 40–60 cm, VI–IX, gelblich, gelb-grüne Blätter

6 4 x Kriechender Günsel *(Ajuga reptans),* 20 cm, IV–V, blau

7 2 x Zebra-Simse *(Schoenoplectus lacustris* 'Zebrinus'), 90–100 cm, VI–X, braun, weiß-grüne Blätter

8 1 x Weiße Seerose *(Nymphaea alba),* VI–IX, weiß

9 7 x Hechtkraut *(Pontederia cordata),* 60–80 cm, VI–IX, blauviolett

10 6 x Gelbe Sumpfschwertlilie *(Iris pseudacorus),* 80–120 cm, V–VI, gelb

11 2 x Wiesen-Knöterich *(Persicaria bistorta),* 20–100 cm, V–VIII, rosa

12 2 x Weißrand-Funkie *(Hosta*-Hybride 'El Niño'), 35–65 cm, V–VI, lila, weiß-grüne Blätter

13 1 x Zebragras *(Miscanthus sinensis* 'Zebrinus'), 175 cm, VIII–IX, braun, gelb-grüne Blätter

Das Holzdeck direkt am Wasser lädt zum niederlassen und Sonnenbaden ein. Gelb blühende Stauden und panaschiertes Laub hellen das Ufer dauerhaft auf.

Feuchte Ufer im Halbschatten

Dieser Traum von Wassergarten hat sich natürliche Seen zum Vorbild genommen. Er besteht aus mehreren Zonen (siehe Seite 82), die mit typischen Pflanzen dieser Lebensbereiche besetzt sind. In der Mitte weist er eine Tiefe von mindestens einem Meter auf und bietet damit auch anspruchsvollen Wasserpflanzen wie der Seerose gute Lebensbedingungen. Hier könnten sich sogar einige Fische tummeln.

In der Flachwasserzone machen sich Tannenwedel und Hechtkraut breit. Die Sumpf-Schwertlilie schließt sich an und erobert den sumpfigen Übergangsbereich zum Festland, der je nach Jahreszeit und Witterung mal überflutet ist, mal oberhalb des Wasserspiegels liegt. Mit ihren völlig unterschiedlichen Laubformen sorgen alle zusammen für einen spannungsreichen Auftritt. Am Ufer, das in diesem Beispiel von feuchtem, nahrhaftem, humosem Boden und halbschattigen Lichtverhältnissen geprägt ist, nimmt Chinaschilf mit seinen Halmen das schlanke Linienspiel der Schwertlilienblätter auf. Funkien, Frauenmantel und der dekorative Wiesen-Knöterich setzen ihre großen, breiten Blattspreiten dagegen. Günsel stellt den Übergang zum Rasen her. Im Hintergrund, auf normalem Gartenboden, genießen Immergrüne wie Buchs und Rhododendron die hohe Luftfeuchtigkeit in Teichnähe. Die lange Blütezeit von Seerosen, Hechtkraut und Schlangen-Knöterich sorgen von Frühjahr bis Herbst beständig für Farbe.

Von hohen Bäumen umrahmt

Der vordere Teil dieses Teiches liegt für einige Stunden des Tages im Schatten hoher Bäume. Das hat den Vorteil, dass das Wasser im Sommer vor Überhitzung geschützt wird. Nachteilig wirkt sich jedoch der Pollenflug und vor allem der Laubfall der Gehölze auf die Wasserqualität aus. Beides bringt Nährstoffe ins Wasser ein und fördert damit die Algenbildung. Am besten fischt man das organische Material mit einem Kescher ab. Im Herbst können Sie auch Laubfangnetze über der Oberfläche aufspannen, das erleichtert die Arbeit.

Die Randbepflanzung schätzt nährstoffreiche Erde und sollte regelmäßig mit Kompost oder Langzeitdüngern versorgt werden. Bei diesen Düngemaßnahmen ist jedoch unbedingt darauf zu achten, dass dabei kein unnötiger Nährstoffeintrag ins Wasser erfolgt. Denn ein zu hohes Nährstoffangebot fördert ebenfalls die Algenbildung, was zu Sauerstoffmangel führt und schließlich die Wasserqualität kippen lässt.

Naturnah und üppig wird dieser Teich von Blüten- und Blattschmuckpflanzen verschiedener Lebensbereiche gesäumt, die boden- bzw. luftfeuchte Plätze lieben:

1 8 x Wiesen-Knöterich *(Persicaria bistorta)*, 20–100 cm, VI–VIII, rosa

2 6 x Kriechender Günsel *(Ajuga reptans)*, 15–20 cm, IV–V, blau

3 2 x Chinaschilf *(Miscanthus sinensis)*, 100–250 cm, IX–X, bräunlich

4 10 x Frauenmantel *(Alchemilla mollis)*, 30–50 cm, VI–VIII, grünlich-gelb

5 4 x Funkien *(Hosta-Hybride, z. B. H. sieboldiana 'Elegans')*, 60 cm, VI–VII, lila

6 8 x Gelbe Sumpf-Schwertlilie *(Iris pseudacorus)*, 80–120 cm, V–VI, gelb

7 10 x Tannenwedel *(Hippuris vulgaris)*, bis 60 cm, VI–VIII

8 10 x Hechtkraut *(Pontederia cordata)*, 60–80 cm, VI–IX, blauviolett

9 3 x Seerose *(Nymphaea-Hybride, z. B. 'Moorei' oder 'Joey Tomocik')*, V–IX, rot

Diese Pflanzenkombination zaubert farbige Blütenpracht und üppig grünen Laubschmuck an feuchte Teichufer oder in zeitweilig nasse Gartenecken.

Fußbad willkommen

Vorübergehende Staunässe bedeutet für die meisten Stauden das Aus. Die Bodenporen saugen sich voll Flüssigkeit und verdrängen die Luft, Sauerstoff im Wurzelraum wird knapp. Doch was für andere Pflanzen tödlich ist, toleriert diese feuchtfröhliche Gesellschaft ohne Probleme. Sie fühlt sich an natürlichen Ufern in der feuchten Übergangszone wohl, wo die Erde zeitweilig richtig nass ist. Sie könnte aber auch in Gartenecken, in denen sich bei niederschlagsreichem Wetter Wasserpfützen ansammeln, ein Beet bilden.

Ungeeignet sind dagegen die trockenen Ufer an Folienteichen oder Teichen aus Kunststoff-Fertigteilen. Das wasserundurchlässige Material verhindert ein Weitersickern des Teichwassers in die umgebende Erde. Die Ufer bestehen aus normaler Gartenerde (siehe auch Seiten 78 ff.).

Am wohlsten fühlt sich das Ensemble an einem halbschattigen Ort. Im Hochsommer sorgt es für üppigen Blütenschmuck. Außerhalb der Hauptblütezeit kommt die Vielfalt der Blattformen zur Geltung. Alle beteiligten Arten entwickeln reichlich grüne Laubmasse. So wird es an diesem Ufer während der Saison niemals langweilig oder gar kahl. Das Chinaschilf lässt man am besten sogar über den Winter stehen und schneidet die eingetrockneten Halme erst im Frühjahr vor dem Neuaustrieb ab. Mit Raureif überzuckert, zaubern sie herrliche Winterbilder an den Teich.

Terrasse am Wasser

Dieser Folienteich hat alles, was ein Wassergarten braucht und holt den ganzen Charme des nassen Elements direkt an den Sitzplatz. Ver-

schiedene Tiefenzonen bieten Lebensraum für die unterschiedlichen Pflanzen. Seerosen schmücken die Oberfläche des tiefen Wassers. Schwanenblume, Rohrkolben und Hechtkraut beleben die Flachwasserbereiche und üppige Blüher, wie Sumpfdotterblume, Sumpf-Schwertlilie, Sumpf-Vergissmeinnicht und Blutweiderich, geben sumpfig-feuchten Stellen einen farbenfrohen Rahmen.

Von April bis Ende September kann man hier Blütenfarben genießen und das Treiben von Insekten und Fröschen beobachten.

Diese Pflanzen brauchen Sie:

1 1 x Blutweiderich (*Lythrum salicaria*), 80–140 cm, VII–IX, rotviolett

2 5 x Rohrkolben (*Typha angustifolia*), 50–200 cm, VII–VIII, braun

3 3 x Schwanenblume (*Butomus umbellatus*), 50–100 cm, VI–VIII, rosa

4 5 x Pfennigkraut (*Lysimachia nummularia*), 5 cm, V–VII, godgelb

5 2 x Seerose (*Nymphaea*-Hybride), V–IX, z. B. 'Pink Sensation' rosa

6 2 x Sumpfdotterblume (*Caltha palustris*), 20–30 cm, IV–V, gelb

7 2x Hechtkraut (*Pontederia cordata*), 60–80 cm, VI–IX, violett, gelb

8 2 x Sumpf-Vergissmeinnicht (*Myosotis palustris*), 20–30 cm, V–VI, hellblau

9 3 x Gelbe Sumpfschwertlilie (*Iris pseudacorus*), 80–120 cm, V–VI

Von diesem Sitzplatz aus kann man den Charme des Wassergartens aus nächster Nähe genießen, hier sind alle Lebensbereiche mit typischen Pflanzen besetzt.

Im sumpfigen Bereich des Uferrands, der nährstoffreicher ist als die Unterwasserzone, wachsen besonders viele üppige Stauden und farbenfrohe Blüher.

Zwischen Wasser und Land

Bei der Anlage eines Teiches gibt es nicht nur viele Gestaltungsmöglichkeiten, man hat auch die Wahl zwischen unterschiedlichen Bauweisen. Die wenigsten werden einen natürlichen Weiher auf dem Grundstück haben. In der Regel wird ein Teich künstlich angelegt. Erde wird ausgehoben und eine Grube in der gewünschten Größe und Form angelegt. Um sie wasserdicht zu bekommen, bieten sich verschiedene Materialien an. Das natürlichste ist eine Schicht aus Ton. Ton wirkt als Nährstoffpuffer für die Pflanzen und bleibt kühl, beides kommt der Wasserqualität zugute. Er kann als Pulver verarbeitet werden, aber auch in Form von Matten oder Bahnen. In jedem Fall sollte aber der Fachmann ran. Das macht die Sache relativ teuer. Ein weiterer Nachteil: Wie in der Natur müssen die Teichränder zum Ufer hin sanft ansteigen. Steile Begrenzungen sind nicht realisierbar. Tonteiche beanspruchen daher viel Platz.

In kleinen Gärten bieten sich daher Kunststoff-Fertigteile an. Die Becken gibt es auch in Mini-Formaten und inzwischen in vielen verschiedenen Formen. Die steilen Wände weisen oft vorgeformte Stufen auf, sodass dennoch Pflanzen unterschiedlicher Wasserzonen gesetzt werden können. Die Bauteile sind preisgünstig, und man kann sie selbst verbauen. Ab einer gewissen Größe werden sie jedoch unhandlich und sperrig. Außerdem ist die Form vorgegeben und muss so erstmal ins Grundstück passen. Die am häufigsten verbaute Variante ist daher der Folienteich. Folien sind flexibel, passen sich jeder Form und Größe an und überzeugen auch preislich. Je nach verwendetem Material und Bauausführung ergeben sich unterschiedliche Übergänge zum Ufer.

Von Sumpfzone und Kapillarsperre

Natürliche Teiche weisen einen fließenden Übergang vom Wasser zum Land auf. Von der tiefsten Stelle, die die Kühlfunktion im System übernimmt, geht es über den Flachwasserbereich, der durch rasche Temperaturwechsel für Wasserzirkulation sorgt, zu einer sumpfigen Uferzone. Hier schwankt der Wasserspiegel je nach Jahreszeit und Niederschlagsmenge. Pflanzen, die hier wachsen, stehen mit ihren »Füßen« mal unter, mal über Wasser. Daran schließt sich eine feuchte Zone an, und mit zunehmendem Abstand vom Ufer geht der Boden in normale, mehr oder minder trockene Erde über.

Die Sumpfzone weist ein besonders reiches Tier- und Pflanzenleben auf. Hier wachsen viele üppig blühende, stattliche Stauden wie Kalmus, Blut-Weiderich und Sumpfdotterblume, die auch künstlichen

Gartenteichen viel Charme verleihen. Bei Folien- und Tonteichen kann man diesen Bereich bei der Anlage entsprechend modellieren. Er ist jedoch durch einen Wall vom übrigen Becken zu trennen, oder man legt das Sumpfbeet gleich separat neben dem Teich an. Denn hier muss das Pflanzsubstrat nährstoffreicher sein, was besonders in kleinen Teichen das ökologische Gleichgewicht oftmals stören kann.

Ein separates Sumpfbeet kann auch neben einem Kunststoffbecken angelegt werden oder in kleinen Gärten einen richtigen Teich sogar ersetzen. Man unterfüttert es mit Teichfolie. Eine Tiefe von 30 bis 40 Zentimetern genügt. Auf ausreichende Wasserzufuhr achten!

Bei Kunststoffbecken oder gemauerten grenzt der trockene Boden direkt an die Wasserfläche. Das gilt es bei der Auswahl der Uferpflanzen zu bedenken. Das dichte Material sperrt die Weiterleitung von Wasser, wie sie im Boden normalerweise über das Kapillarsystem (feinste Hohlräume) stattfindet. Statt eines Übergangs ensteht eine scharfe Grenze.

Dieses Beispiel kommt der Natur sehr nahe. Unterschiedliche Wassertiefen und ein sumpfiger Bereich am Ufer, bepflanzt mit typischen Stauden dieser Lebensbereiche, sorgen für ein harmonisches Bild.

Dieser Wasserrand ist von normaler Gartenerde geprägt; die sumpfige Übergangszone fehlt. Funkien und Farn schätzen die hohe Verdunstungsfeuchte am Ufer.

Becken mit trockenem Ufer

Das steinerne Wasserbecken (oben) zieht eine klare Trennlinie zum Ufer hin. Hier gibt es keine sumpfigen oder feuchten Übergangszonen. Die Pflanzen am Beckenrand wurzeln in normaler, trockener Gartenerde. Durch die Wassernähe herrscht dennoch hohe Luftfeuchtigkeit. Durch laufende Verdunstung bleibt der Standort auch im Sommer relativ kühl und frisch. Zusammen mit halbschattigen Lichtverhältnissen ergibt das ideale Bedingungen für Laubschmuckpflanzen.

Die ausladenden und zugleich filigran gefiederten Wedel des Goldschuppenfarns sowie die stattlichen Funkienhorste mit ihren breiten Blättern machen mächtig Staat. Ihre unterschiedlichen Grüntöne gehen Ton-in-Ton ineinander über. Dazwischen verleiht die Wachsglocke dem Beet ein leicht asiatisches Flair. Sie stammt aus Japan und überzeugt nicht nur durch ihre gelben Blütenglocken, die im August erscheinen, sondern vor allem durch ihr schmuckes Platanen ähnliches Laub.

Gönnen Sie den Waldpflanzen jährlich eine dicke Packung Kompost, damit der Boden humos und nährstoffreich bleibt. So erhalten sie ihre Pracht. Eventuell sind Schneckenschutzmaßnahmen zu ergreifen.

Diese Pflanzen brauchen Sie:

1 2 x Funkie (*Hosta sieboldii*), 50–60 cm, VII–VIII, violett, weißrandige Blätter

2 1x Goldschuppenfarn (*Dryopteris affinis* 'Pinderi'), 50–80 cm,

3 2 x Wachsglocke (*Kirengeshoma palmata*), 70 cm, VIII–IX, zartgelb, silberne Blätter

4 1 x Funkie (*Hosta sieboldiana*), 80 cm, VII–VIII, lila, blaugraues Laub

5 2 x Seerose (*Nymphaea*-Hybride), V–IX

Ein Kunststoff-Formteil bildet die Fassung dieses kleinen Teiches, der auch in Reihenhausgärten noch genug Platz findet. Dennoch bietet er dank eingebauter Pflanzstufe auch einer Wasserfeder und Fieberklee eine Flachwasserzone. Setzen Sie diese Pflanzen am besten in Gitterkörben ein. Eine Sumpfzone fehlt an diesem Wasseridyll. Außerhalb der Kunststoff-Schale befindet sich normaler Gartenboden. Damit der Übergang nicht abrupt und künstlich wirkt, kaschieren Frauenmantel und Funkien mit ihren großen, dekorativen Blättern die Uferlinie. Der Standort für diese Bepflanzung sollte sonnig bis halbschattig sein. Schneiden Sie die Blüten der Etagenprimeln nach dem Welken ab. Der Frauenmantel kann nach dem Verbräunen des Flors komplett zurück geschnitten werden. Die hübschen Blatthorste wachsen dann schon bald kompakt wieder nach.

Diese kleine Teichlösung ist preiswert und lässt sich auch im Selbstbau einfach realisieren. Die Kunststoffschale ist leichtgewichtig und deshalb gut zu handhaben. Unterfüttern Sie sie mit einer zehn Zentimeter dicken Schicht aus Bausand. Sie schützt das Becken vor Beschädigungen durch spitze Steine.

Fertigteiche sind eine preiswerte Lösung für kleine Gärten. Großlaubige Stauden fühlen sich am „trockenen" Ufer wohl und kaschieren den Beckenrand

Uferschönheiten und Wasserbewohner

Das trockene Ufer beginnt bei Kunststoffbecken unmittelbar neben dem Beckenrand. Bei Folienteichen wird die Folie an den Rändern im festen Erdreich senkrecht nach oben gezogen und über der Erdoberfläche abgeschnitten. So wirkt sie als Kapillarsperre und trennt ebenfalls scharf abgegrenzt den Feucht- vom Trockenbereich. Damit die Randbepflanzung dennoch, nach dem Vorbild der Natur, stimmig ineinander übergeht und harmonisch wirkt, pflanzt man am trockenen Ufer am besten Vertreter, die in ihrem Erscheinungsbild

Sumpfpflanzen ähneln oder aber durch ihre Wuchsform sanfte Übergänge herstellen.

Klassisch sind niedrige Gehölze mit breitem oder überhängendem Wuchs wie Schlitzahorn für sonnige Plätze oder Rhododendren, Azaleen und Hortensien für eher schattige Ufer. Sie lassen ihre Äste malerisch über Beckenränder bis zur Wasseroberfläche hängen und sorgen für hübsche Spiegelbilder. Auch Funkien und Farne kaschieren mit ihren breiten Horsten aus riesigen Blättern geschickt scharfe Trennlinien. Zudem

fühlen sie sich in Wassernähe schon wegen der hohen Luftfeuchtigkeit sehr wohl.

Will man das Erscheinungsbild von Sumpfpflanzen aufgreifen und dadurch optisch gefällige Übergänge erzeugen, bieten sich zum Beispiel Bambus und andere hohe Gräser an. Sie weisen mit ihren Halmen den gleichen straff aufrechten Wuchs auf wie Rohrkolben und andere Wasserrandpflanzen. Taglilien und hohe Iris-Arten ähneln mit ihren schmalen, langen Blättern Sumpf-Schwertlilien. Nach dem gleichen Prinzip kann Frauenmantel mit seinen groß belaubten runden Horsten am trockenen Ufer Sumpfdotterblumen doubeln, so manche Ehrenpreis-Art den Blutweiderich. Für das Auge des Betrachters entsteht auf diese Weise ein typisches Teichrandbild, obwohl die Bodenverhältnisse ganz andere Voraussetzungen aufweisen. Mit Pflanzendoppelgängern können auch allzu schmale Sumpfzonen, wie sie oft bei kleinen Fertigbecken vorkommen, mit wenig Aufwand optisch erweitert werden.

Im Grunde stehen für das trockene Ufer natürlich alle Gartenpflanzen zur Verfügung, die sonst auch außerhalb des Wassergartens zum Einsatz kommen. Die Auswahl muss sich, wie für andere Gartenbereiche, in erster Linie an den gegebenen Licht- und Bodenverhältnissen orientieren (siehe Seite 39 ff. und 55 ff.).

Ein separater schmaler Sumpfstreifen mit Blutweiderich säumt das kleine Seerosenbecken. In der trockenen Ecke wurzeln Lichtnelken und andere Beetstauden.

Mit 180 cm Tiefe bietet dieser Teich Seerosen und Fischen ein Zuhause. Die trockene Uferseite wird von einem rotblättrigen Schlitzahorn dekorativ überwallt, Rittersporn und Frauenmantel schließen sich an.

Die Größe macht's

Ob Feuchtzone oder trockenes Ufer ist oft eine Frage des Platzes.

Generell gilt: Größere Teiche mit sanft abfallenden Rändern beziehungsweise breiten Stufen unter Wasser, die Lebensraum für die unterschiedlichsten Pflanzen und Tiere bieten, sind nicht nur vielfältiger zu gestalten, sondern auch merklich pflegeleichter. Denn Pflanzen tragen zur Reinigung des Wassers bei, entziehen überschüssige Nährstoffe, spenden Sauerstoff und Schatten. Große Wassermengen erwärmen sich außerdem langsamer. Alles Gründe dafür, dass in größeren Gewässern die Wasserqualität meist besser ist und das ganze System stabiler. Kleine Tümpel, die kaum Pflanzen Platz bieten, erweisen sich als wesentlich störanfälliger und erfordern daher mehr Aufmerksamkeit und Pflegemaßnahmen.

Fische im Teich sind für manche Wassergärtner unverzichtbar. Klar, Kindern macht es oft Spaß, die Tiere zu füttern und sie bei ihren Unterwasserstreifzügen zu beobachten.

Fest steht aber auch: Sie belasten mit ihren Ausscheidungen das Wasser und können das ökologische Gleichgewicht zum Kippen bringen. Deshalb gilt: Nur in größeren Teichen, die mindestens neun Quadratmeter Wasseroberfläche aufweisen und eine Mindesttiefe von 80 Zentimetern (besser 100 bis 120 cm), Fische halten. Seichtere Gewässer frieren im Winter zu und lassen den Fischen nicht ausreichend Lebensraum übrig. Stets nur wenige Exemplare auf einmal einsetzen und insgesamt lieber zu wenige als zu viele halten.

EXTRA: Teich anlegen

Verschiedene Wassertiefen im Teich sind das A und O für eine abwechslungsreiche Pflanzenwelt. Sie bieten unterschiedliche Lebensräume mit jeweils ganz spezifischem Bestand an Tieren und Gewächsen. Schon bei der Anlage ist daher auf eine entsprechende Modellierung des Teichgrunds zu achten. So ausdifferenziert wie in der Natur wird ein künstlicher Teich selten sein, aber man sollte wenigstens folgende Zonen unterscheiden:

- **Tiefwasserzone:** Sie beginnt ab einer Tiefe von 50 Zentimetern und sollte an der tiefsten Stelle mindestens 80 Zentimeter Wasserstand oder mehr aufweisen. Dann friert sie auch im Winter nie völlig durch und bietet Fischen eine Rückzugsmöglichkeit. Hier gedeihen Schwimmblattpflanzen wie Seerosen oder Gelbe Teichrose, die im Teichgrund wurzeln, ihre Blätter aber an langen Stielen zur Wasseroberfläche schicken und so im Sommer für Beschattung sorgen. Auch frei treibende Schwimmpflanzen wie Feenmoos oder Wasserhyazinthe findet man hier, und natürlich Unterwasserpflanzen, etwa das Gemeine Hornkraut oder die Kanadische Wasserpest. Sie treten zwar optisch nach außen hin nicht in Erscheinung, sind aber für das ökologische Gleichgewicht sehr wichtig.

- **Flachwasserzone:** Der Wasserstand beträgt hier 20 bis 40 (50) Zentimeter Tiefe. Diese seichte Zone erwärmt sich schnell und wirkt im Frühling wie ein Turbo bei der Wiederbelebung der Teichszene. Hier wachsen Schwanenblume, Hechtkraut und Tannenwedel.

- **Sumpfzone:** Dieser Bereich ist durch wechselnde Wasserstände gekennzeichnet. Mal liegt er 10 Zentimeter über, mal 10 bis 20 Zentimeter unter der Wasseroberfläche. Hier blüht es besonders üppig und abwechslungsreich durch Bewohner wie Sumpfdotterblume, Sumpfwolfsmilch, Scheinkalla und Co.

- **Feuchtzone:** Sie liegt bereits außerhalb des Wasserspiegels, aber noch innerhalb der Teichabdichtung (Folie, Ton). Der Boden ist stark wasserhaltig, aber nie vollständig überflutet. Hier sorgen Pflanzen wie Trollblume, Wiesen-Iris oder Blutweiderich für bunte Blütenfarben und etliche Farne und Gräser für Blattschmuck. Viele Bewohner dieser Zone gedeihen auch in normalem Gartenboden, andere auch im Sumpfgürtel. Die Übergänge sind fließend.

- **Trockenes Ufer:** Das ist der Bereich, der hinter der Kapillarsperre beginnt. Hier trifft man auf normalen Gartenboden, der für alle Landgewächse entsprechend der gegebenen Standortbedingungen geeignet ist.

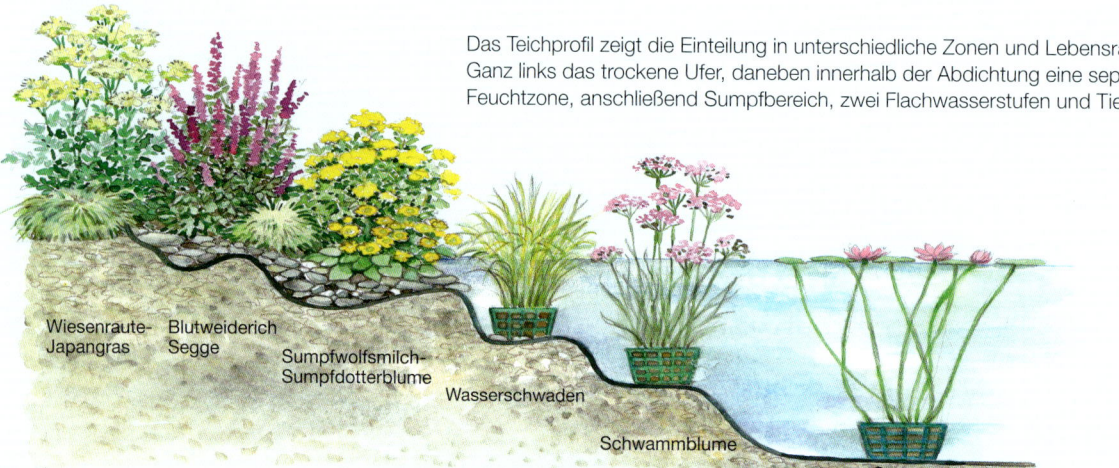

Das Teichprofil zeigt die Einteilung in unterschiedliche Zonen und Lebensräume. Ganz links das trockene Ufer, daneben innerhalb der Abdichtung eine separate Feuchtzone, anschließend Sumpfbereich, zwei Flachwasserstufen und Tiefwasser.

Wiesenraute·
Japangras

Blutweiderich
Segge

Sumpfwolfsmilch-
Sumpfdotterblume

Wasserschwaden

Schwammblume

Seerose

Wasserpflanzen setzen – ein paar Tricks helfen

Gitterkörbe haben sich für die Pflanzung in der Tief- und Flachwasserzone bewährt. Die Wasserpflanzen können dann auch bei geflutetem Teich eingesetzt und wieder herausgenommen werden, etwa wenn Pflegemaßnahmen anfallen oder nicht winterharte Arten vorübergehend in ein wärmeres Quartier umziehen müssen. Außerdem setzt man so allzu ausbreitungsfreudigen Vertretern natürliche Grenzen.

Sofern nicht bereits vorhanden, bringt man an den handelsüblichen Gitterkörben Drahtbügel als Henkel an. Dann kleidet man die Innenseite mit Vlies aus und füllt etwas feuchte Teicherde an. Keine Gartenerde verwenden, die ist zu nährstoffreich! Die Pflanzen einsetzen und bis zum Wurzelhals mit Substrat anfüllen. Überstehendes Vlies umschlagen und oben zum Beschweren eine Schicht Kies auflegen. In einem Eimer zunächst mit Wasser tränken und dann an einem langen Stiel in den Teich setzen.

Nicht wurzelnde Schwimm- und Unterwasserpflanzen setzt man einfach ins Wasser. Sie richten sich von alleine ein. In der Sumpf- und Feuchtzone kann man flächendeckend Erde einfüllen und pflanzt ohne Körbe in diese Schicht.

Die beste Pflanzzeit für den Teich liegt im Mai und Juni. Das Wasser ist dann weitgehend erwärmt, und die Pflanzen haben die ganze Saison vor sich, um gut einzuwachsen.

Wassersalat *(Pistia stratiotes)* gehört zu den Schwimmpflanzen. Man braucht ihn nur auf der Oberfläche auszusetzen. Er ist jedoch nicht winterhart, deshalb wird er im Herbst wieder abgefischt und im Haus überwintert.

SO GEHT'S — einfach & schnell

❀ Für die Anlage eines künstlichesn Teiches gibt es verschiedene Abdichtmaterialien. Folie oder Ton empfehlen sich für größere Anlagen. Sie sind flexibel und beliebig formbar. Kunststoff-Fertigbecken bieten für kleine Gärten oft die beste Lösung.

❀ Jeder Gartenteich sollte abgestufte Wassertiefen aufweisen, um verschiedene Lebensräume für unterschiedliche Pflanzen zu bieten. So gelingt eine vielfältige und abwechslungsreiche Bepflanzung, die den Teich gut in den Garten integriert.

❀ Bei Wasserbecken mit steilen Rändern grenzt die Tiefwasserzone direkt ans trockene Ufer. Das gilt es bei der Pflanzenauswahl zu beachten. Der sumpfige und feuchte Übergangsbereich, der besonders vielen Pflanzen und Tieren Lebensraum bietet, entfällt.

❀ Je größer der Teich angelegt wird, desto stabiler wird das ökologische Gleichgewicht ausfallen. Kleine Gewässer sind störanfälliger. Die Haltung von Fischen erfordert eine Mindesttiefe von 80 cm.

Miniteiche in Töpfen und Kübeln

Mobil, wandlungsfähig und dekorativ

Auf der Terrasse, dem Balkon, einem Treppenabsatz oder im Wintergarten – der Miniteich im Trog findet überall Platz und setzt stets einen etwas exotischen Akzent. Das ungewöhnliche Gestaltungselement wirkt in Einzelstellung, kann aber auch eine Kübellandschaft bereichern oder als Ensemble aus mehreren Gefäßen verschiedener Größe und Höhe eine Wassergesellschaft nachbilden.

Miniteiche sind keine ausgeglichenen Ökosysteme wie große Gartenteiche. Hier muss öfter eingegriffen, nachgefüllt und umgepflanzt werden. Im Winter entleert man sie oft vollständig und legt sie im Frühjahr neu an. So kann man immer wieder Neues ausprobieren.

Geeignete Gefäße – dekorative Kübel, Wannen, Schalen oder Bottiche – finden sich oft in Kellern oder Gartenschuppen. Sie müssen nur dicht sein, das sollte man vor dem Bepflanzen überprüfen. Das Material ist von zweitrangiger Bedeutung, nur folgende Faktoren sind zu bedenken: Steintröge und Betonbecken wiegen

sehr schwer und sind wenig transportabel. Holz verwittert im Laufe der Jahre, und Metallgefäße heizen sich an sonnigem Plätzen stark auf. Soll der Trog mit winterharten Pflanzen besetzt werden und draußen überwintern, muss das Material frosthart sein.

Wärmeliebende Exoten sind allerdings gerade für Miniteiche eine interessante Alternative. Durch die

geringe Wassermenge herrschen meist relativ hohe Wassertemperaturen - Idealbedingungen für Exoten. Viele Schwimmpflanzen ergeben einen zierlichen Kübelschmuck. Im Winter räumt man Miniteiche in aller Regel ohnehin aus. Dann bringt man die empfindlichen Pflanzen in ein frostfreies Winterquartier oder behandelt sie wie Einjährige und setzt in der nächsten Saison neue ein.

Teichlandschaft in Zinkblechgefäßen: Die Kübel bieten durch ihre unterschiedlichen Höhen Pflanzen verschiedener Lebensräume Platz, wie ein Teich mit seinen Zonen.

◄ Wassergartenidyll en miniature: Blaues Hechtkraut, schwimmender Wassersalat und eine kleinwüchsige Seerose verwandeln das Holzfass in einen charmanten Miniteich, der den steinigen Untergrund belebt.

Im rustikalen Holzbottich tummelt sich eine farbenfrohe Teichgesellschaft. Eine Höhe von 50 bis 60 cm gewährt der Seerose ausreichend Entfaltungsmöglichkeit. Im Winter entleert man das Gefäß und überwintert Seerose, Hechtkraut und Wassersalat frostfrei. Die Wasserlinsen stellen sich von alleine wieder ein.

1 1 x Seerose *(Nymphaea*-Hybride 'William Falconer'), VI–IX, rubinrot, Wassertiefe 30–60 cm

2 1 x Hechtkraut *(Pontederia cordata)*, Wassertiefe 60–80 cm, VI–IX, blauviolett, Wassertiefe 20–40 cm

3 4 x Wassersalat *(Pistia stratiotes)*, 5–10 cm, die schwimmende Blattrosette blüht selten und dann unscheinbar, nicht winterhart

4 Wasserlinsen *(Lemna minor)*, millimeterkleine schwimmende Blättchen

Wasseratmosphäre im Zwergenformat

Vielfalt auf kleinstem Raum bietet das halbierte Holzfass im Pflanzbeispiel links. Hechtkraut und Seerose verbreiten mit ihren leuchtenden Blüten und schmucken Blättern den typischen Wassergartencharme. Da der dunkle Holzbottich mit der geringen Wassermenge bei sonnigem Stand laue Wassertemperaturen vorhält, fühlt sich hier auch der exotische Wassersalat sehr wohl und schmückt mit seinen dekorativen Blattrosetten die Oberfläche. Die winzigen, frisch grünen Wasserlinsen werden meist durch Vögel eingeschleppt oder beim Einsetzen der anderen Pflanzen unfreiwillig mit importiert. In kleinen Mengen sehen sie sehr hübsch aus. Oft vermehren sie sich jedoch rasant und bilden dann geschlossene grüne Teppiche. Dann ist es Zeit zum Abfischen der »Entengrütze«, wie sie auch heißen.

Seerose und Hechtkraut müssen ab und zu gezielt gedüngt werden. Alle Bewohner über den Winter in ein frostfreies Quartier umräumen.

Perfekte Höhenstaffelung ergibt sich im Beispiel rechts nicht nur durch unterschiedlich hohe Gefäße, sondern wird durch die verschiedenartigen Wuchsformen der Pflanzen noch unterstrichen. Hoch auf schießen Zebra-Simse, Schwanenblume und Froschlöffel. Darunter breiten Eidechsenschwanz und Seerosen ihre bunten Decken aus. Keramiktöpfe, die als Miniteich genutzt werden, müssen innen und außen glasiert sein.

Das Wasserkübel-Ensemble besteht aus glasierten Keramiktöpfen. An heißen Sommertagen immer wieder Wasser nachfüllen. Den hohen Nährstoffbedarf von Seerose und Froschlöffel mit Düngekegeln gezielt stillen.

1 1 x Eidechsenschwanz *(Houttuynia cordata* 'Variegata'), 30–50 cm, VI–VII, weiß, Wassertiefe 0–10 cm

2 1 x Zebra-Simse *(Schoenoplectus tabernaemontani* 'Zebrinus'), 80–120 cm, VII–VIII, braun, Wassertiefe 30 cm

3 1 x Froschlöffel *(Alisma plantago-aquatica)*, 50 m, VII–VIII, weiß-rosa, Wassertiefe 5–30 cm

4 1 x Seerose *(Nymphaea* z. B. 'Hermine'), VI–IX, weiß, Wassertiefe 40–70 cm

5 1 x Schwanenblume *(Butomus umbellatus)*, 50–100 cm, VI–VIII, zartrosa, Wassertiefe 10–40 cm

6 1 x Gelbe Sumpfschwertlilie *(Iris pseudocarus)*, 80–120 cm, V–VI, gelb

Die Steine werden in einer Fasshälfte aufge-
stapelt und das Wasser eingelassen.

Das halbierte Fass wird vor der Bepflanzung eingeweicht. Die Wasserpflanzen
stehen bereit. Die Seerose (vorne) wird mit Gitterkob gesetzt. Steine dienen als
Podeste, um unterschiedliche Pflanztiefen herzustellen.

Die Seerose braucht die gesamte Tiefe und
wird daher auf den Boden gestellt.

EXTRA: Miniteich anlegen

Zur Vorbereitung sollte man Holzfässer, die schon längere Zeit trocken stehen, zwei bis drei Tage in Wasser einweichen, ehe man sie bepflanzt. Das Holz quillt dann auf und macht alle Ritzen dicht.

In diesem Beispiel weist das Fass einen Durchmesser von 70 Zentimetern und eine Höhe von 45 Zentimetern auf. Hier sollen eine Seerose, ein Kleiner Rohrkolben *(Typha minima)*, eine Wasserminze *(Mentha aquatica)*, eine Sumpfdotterblume *(Caltha palustris)* und als Unterwasserpflanze Nadelkraut *(Crassula recurva)* einziehen. Generell eignen sich für Mini-Wassergärten vor allem Arten der Flachwasser-, Sumpf- und Feuchtzone. Unter den Seerosen sollte man sich bei der Sortenwahl auf schwachwüchsige Varietäten beschränken,

die mit geringeren Wassertiefen zurechtkommen.

Zunächst stapelt man einige große Steine auf einer Seite des Fasses auf und schafft damit unterschiedliche Höhenniveaus. Dann wird das Wasser eingelassen. Die Seerose setzt man im Gitterkorb auf den Fassboden. Da ihr bei dem geringen Wasservolumen wenig Nährstoffe zur Verfügung stehen, steckt man der

Die übrigen Pflanzen klemmt man in der benötigten Tiefe zwischen den Steinen ein.

Das Ergebnis überzeugt mit attraktivem ▶
Laub und Blüten von Juni bis September.

hungrigen Diva am besten Düngekegel direkt in den Wurzelbereich. Die anderen Pflanzen hebt man vorsichtig aus den Plastiktöpfen und verteilt sie, entsprechend der gewünschten Wassertiefe, auf die Kiesel. Um ein Aufschwimmen der Pflanzen zu verhindern, kann man die Wurzelballen etwas zwischen den Steinen festklemmen.

Möglichkeiten für die Überwinterung

Der Frost setzt der Pracht im Kübelteich winterliche Grenzen. Denn anders als in großen Gartenteichen, friert das Wasser im Trog aufgrund des kleinen Volumens schneller durch. Aus der Oberfläche ragende Halme wirken der Eisbildung etwas entgegen. Auch ein Mantel aus isolierender Noppenfolie dämpft allzu frostige Temperaturen. Einige winterharte Wasserpflanzen überstehen das Einfrieren sogar ohne Schaden. Andere sind empfindlicher und können daher in Gefäßen nicht draußen überdauern. Um sie heil über die kalte Jahreszeit zu bringen, gibt es verschiedene Möglichkeiten.

Ist ein Gartenteich vorhanden, kann man die Kübelbewohner einfach umsetzen und in sicherer Tiefe vorübergehend einquartieren. Alternativ stellt man den Miniteich während der eisigen Monate an einem frostfreien Platz im Haus auf. Gehören wärmeliebende Exoten zum Besatz, bietet sich ein beheizter Wintergarten als heimeliges Quartier an. Denn sie brauchen auch in der dunklen Jah-

reszeit viel Licht und oft Wassertemperaturen, die nicht unter 15 °C fallen dürfen.

Häufig sind jedoch die Platzverhältnisse beschränkt oder es ist schlicht zu mühsam, ein wassergefülltes Fass von entsprechendem Gewicht durch Garten und Haus zu schleppen. Dann entleert man es besser und überwintert die Pflanzen einzeln in kleineren Töpfen im Haus. Im Frühjahr wird dann neu gepflanzt. Exotische Schwimmpflanzen wie Wassersalat, Feenmoos, Schwimmfarn oder Wasserhyazinthe fischt man im Herbst, wenn es kühl wird, ab und hält sie im Winter in flachen, mit Wasser gefüllten Schalen, in denen unten eine dünne Substratschicht für die notwendigen Nährstoffe sorgt. Tropische Seerosen lassen sich auch als nackte Wurzel-

knollen überwintern. Man befreit sie von Blatt- und Wurzelresten und lagert die Knollen, bei 10–15 °C, in feuchten Sand ein. Sie dürfen nicht austrocknen.

Ehe man sie im Frühjahr wieder ins Freie bringt, sollte man sie in einer Wasserschale auf dem Fensterbrett vorziehen.

Ab Mitte Mai können die kleinen Wasserparadiese wieder im Freien auf Terrasse und Balkonen aufgestellt werden. Selbst Exoten finden dann in der Regel wieder lebensfreundliche Wassertemperaturen vor. Wenn Sie Teichgefäße vom vergangenen Jahr neu bepflanzen, säubern Sie sie zunächst gründlich von Algenbelag und anderen Rückständen. Dann findet die neue Besetzung optimale Bedingungen vor.

SO GEHT'S   **einfach & schnell**

❀ Auch Balkon- und Terrassengärtner können sich den Traum vom Wassergarten erfüllen: mit Miniteichen in Trögen und Kübeln.

❀ Bei der Materialwahl der Gefäße sind vor allem praktische Aspekte wie Gewicht, Temperaturleitfähigkeit und Frostbeständigkeit zu bedenken.

❀ Bottiche von entsprechender Größe können mehrere Pflanzenarten beherbergen. Die Ansprüche an unterschiedliche Pflanztiefen können durch Podeste aus Steinen ausgeglichen werden, auf die man Pflanzen in Gitterkörben stellt.

❀ Alternativ kann man unterschiedlichen Pflanzenbedürfnissen auch durch die Haltung in mehreren Einzelgefäßen gerecht werden. So lassen sich mit Töpfen verschiedener Höhen und Durchmesser kleine, höchst dekorative Kübelteich-Landschaften arrangieren.

❀ Miniteiche frieren im Winter schneller durch. Einige Arten tolerieren das, empfindliche Pflanzen müssen jedoch frostfrei überwintern.

Gräser, Sommerblüher & Gehölze – Vielfalt pur

Elegante Gräser – Strukturgeber mit grazilem Linienspiel

Die schlanken Halme der Gräser sind biegsam, leicht und flexibel. Sie reagieren auf den leisesten Windhauch und verleihen Pflanzungen einen sehr dynamischen Aspekt. Ihre veränderlichen Silhouetten bringen Transparenz in die Rabatte und sorgen zwischen wuchtigen Prachtstauden für sympathische Leichtigkeit. Egal ob hoch aufgeschossen, bogig überhängend oder als niedrige halbkugelige Polster, die geringe Verzweigung der langen Halme gibt den Horsten eine konsequent vertikale Struktur. So konterkarieren Gräser auf willkommene Art den Aufbau der Stauden und Sommerblumen und bereichern jeden Garten.

Das Sortiment ist riesig. Es reicht vom bodendeckenden Knirps bis zum Bambus-Giganten. Und laufend erweitern neue Ziersorten das Angebot, denn Gräser liegen im Trend. Sie eroberten zwar erst vor relativ kurzer Zeit die Gärten, aber heute erkennt man ihr enormes gestalterisches Potenzial. Sie passen in moderne Anlagen ebenso wie in romantisch-üppige, ergänzen Japangärten genauso stimmig wie mediterrane Pflanzungen. Es kommt nur auf die richtige Arten- und Sortenwahl an.

Nicht nur die Wuchsform prägt die Ausstrahlung der Gräser. Etliche brillieren mit ausgefallenen Laubfarben. Das Zebra-Chinaschilf (*Miscanthus sinensis* 'Zebrinus') etwa oder das Gelbbunte Japangras (*Hakonechloa macra* 'Aureola') setzen mit panaschierten Halmen heitere Farbakzente ins Beet. Rein gelb leuchten z. B. Gold-Flattergras (*Milium effusum* 'Aureum') oder die Goldgelbe Wasserblüten-Segge (*Carex elata* 'Aurea'). Mit kühlem Blaugrau prädestinieren sich dagegen Blauschwingel (*Festuca glauca*) und Blaustrahlhafer (*Helictotrichon sempervirens*) als vornehme Rosenbegleiter. Während rotlaubige Exemplare, wie das Japanische Blutgras (*Imperata cylindrica* 'Red Baron') Feuer und Temperament versprühen. Manche, wie die Rutenhirse (*Panicum*), färben im Herbst um.

Pflegeleicht – ob Wald- oder Steppenbewohner

Das beste Argument für die Verwendung von Gräsern im Garten ist jedoch ihre absolute Pflegeleichtigkeit. Einmal gepflanzt, beanspruchen sie wenig Zuwendung. Die meisten kommen mit allen normalen Gartenböden zurecht und erweisen sich sogar als relativ flexibel, was die Lichtansprüche betrifft. Und wo wirklich ausgeprägte Standortbedingungen gegeben sind, findet sich im großen Sortiment auch immer ein passender Spezialist. Das Angebot reicht von Schatten liebenden Waldgräsern über Sumpfgräser bis hin zu sonnenhungrigen Steppen- oder Steingartenbewohnern.

Arten aus wärmeren Regionen, die bei uns nicht völlig frosthart sind, gibt man etwas Winterschutz. Niedrige Polster deckt man mit trockenem Laub und etwas Reisig ab. Bei hohen Horsten, wie etwa beim Pampasgras (*Cortaderia*), bündelt man die Halme zu einem Schopf, um so das Innere vor Nässe zu schützen, und polstert den Wurzelraum ebenfalls mit trockenem Laub ab.

Die zauberhaften Winterbilder, die Gräser abgeben, sind der Grund, warum man die vertrockneten Halme und die oft fedrig buschigen Samenstände über die Frostperiode stehen lässt. Mit Raureif überzogen, glitzern und funkeln sie in der Sonne und beleben den sonst kahl gewordenen Garten. Erst im Frühjahr schneidet man alle sommergrünen Gräser bis kurz über den Boden zurück. Immergrüne werden nur ausgeputzt.

◀ Eine beeindruckende Erscheinung: Der breite Horst des Riesen-Chinaschilfs (*Miscanthus giganteus*) erreicht zwei bis vier Meter Höhe und hängt malerisch über. Hier wird er eingerahmt von herbstblühenden Stauden.

Bambus und Ziergräser im Asia-Stil ganz unter sich

Laubfarben und Wuchsformen prägen dieses Beet an der Pergola, deren Konstruktion mit den überstehenden Balken etwas asiatisch anmutet. Der hohe Buschbambus greift dieses Flair stilecht auf und sorgt zugleich für Sichtschutz. Ebenfalls ganz in der Tradition japanischer Gärten stehen der sprudelnde Quellstein und das Kiesbett davor. Die Elemente Wasser und Stein dürfen in fernöstlichen Anlagen nicht fehlen. Formen und Grüntöne dominieren dort. Der Betrachter soll zur Ruhe kommen und Raum für Kontemplation und Meditation finden.

Diesem Prinzip hat sich auch diese Rabatte verschrieben. Sie kommt ohne spektakuläre Blüher aus. Gräser bleiben hier ganz unter sich und demonstrieren die ganze Bandbreite des Sortiments. Denn auf Farbe und Abwechslung braucht man dennoch keineswegs zu verzichten. Der immergrüne Bambus ist wie eine grüne Wand rund ums Jahr präsent. Davor heben sich die Fontänen von Chinaschilf und Riesen-Federgras mit ihren bogig überhängenden Halmen ab. Rutenhirse und Chinaschilf sorgen im Herbst für rötliche Töne in der grünen Umgebung. Das Lampenputzergras steuert mit seinen aufgeplusterten »Flaschenbürsten« dekorative Samenstände bei. Im Vordergrund ducken sich die runden Polster niedriger

Gräser ins Beet. Sie setzen optisch gelungen die runden Formen der Kiesel fort. Ton-in-Ton changieren der graugrüne Atlas-Schwingel, der stahlblaue Zwerg-Blauschwingel und das frisch grüne Bärenfellgras nebeneinander. Wald-Hainsimse und Japangras steuern breite, flache Teppiche zur Formenvielfalt bei. Letzteres zaubert mit seinen gelb-grün gestreiften, breiten Halmen freundliche Lichtreflexe in den Halbschatten. Und selbst im Winter, wenn die Halme der meisten Gräser vergilben und vertrocknen, bleiben hier, dank der immergrünen Arten, lebendige grüne Strukturen stehen. Warten Sie mit dem Rückschnitt der sommergrünen Horste aber bis zum Frühjahr. Nach Raureifnächten begrüßen Sie dann am Morgen glitzernde, mit Kristallen besetzte Fontänen voller märchenhaftem Charme.

Oase der Ruhe

Einen Rückzugsort erster Güte gibt ein Sitzplatz unter dieser Pergola ab. Stellt man dort eine Bank auf, hat man nicht nur ein herrlich blickdichtes Versteck. Wenn der Wind in die Halme fährt, kann man die Augen schließen und sich ganz dem verheißungsvollen sanften Rascheln sowie dem beruhigenden Plätschern des Wassers hingeben – einfach entspannen und genießen.

Der ideale Standort für diese Pflanzenkombination ist ein halbschattiges Plätzchen auf gutem, nahrhaftem Gartenboden. Dort fühlen sich sowohl die Waldgräser, als auch die Sonnenliebhaber wohl. Bambus und das stattliche Chinaschilf haben einen hohen Nährstoffbedarf und sollten jährlich einen Langzeitdünger erhalten. Die Waldbewohner freuen sich über eine Gabe Kompost im Frühjahr, die Nährstoffe bietet und den Humusgehalt des Bodens wieder auffrischt.

Diese Pflanzen brauchen Sie:

1 1 x Goldhalm-Bambus (*Phyllastachys aurea*), 150–200 cm, immergrün

2 1 x Buschbambus (*Pleioblastus humilis*), 50–120 cm, immergrün

3 1 x Chinaschilf (*Miscanthus sinensis* 'Malepartus'), 160 cm, VIII–X, cremeweiß, rotbraune Herbstfärbung

4 1 x Riesen-Federgras (*Stipa gigantea*), 50–70 cm, zur Blütezeit 100–200 cm, VII–VIII, goldgelb

5 1 x Rutenhirse (*Panicum virgatum*), 80–90 cm, VII–IX

6 1 x Wald-Hainsimse (*Luzula sylvatica*), 20–40 cm, V–VI, bräunlich, immergrün

7 1 x Bärenfellgras (*Festuca gautieri*), 15–25 cm, VI–VIII, grünlich gelb

8 1 x Atlas-Schwingel (*Festuca mairei*), 40–60 cm, V–VII, grünlich

9 2 x Zwerg-Blauschwingel (*Festuca valesiaca*), 10–15 cm, zur Blütezeit 20–30 cm, VI–VII, grünlich

10 1 x Japangras (*Hakonechloa macra* 'Aureola'), grünlich-braun, 30–40 cm, VIII–XI, gelb-grün gestreift

11 1 x Lampenputzergras (*Pennisetum alopecuroides*), 40–80 cm zur Blütezeit 50–110 cm, VIII–X, hellbraun

Das Gräserbeet an der Pergola hat alles, was ein Japan-Garten braucht: Bambus, Wasser, Steine und viel Grün in interessanten Wuchsformen.

**Die farbenfrohe Gesell-
schaft macht wenig Arbeit.**
Über den Winter lässt man die
Pflanzen stehen. Erst im Frühjahr werden Gräser und Stauden bis kurz über den Boden
zurückgeschnitten und mit
etwas Kompost gedüngt.

1 1 x Chinaschilf *(Miscanthus
sinensis)*, IX–X, 100–
250 cm, cremeweiß

2 2 x Diamantgras *(Calamagrostis brachytricha)*, 50 cm, zur Blütezeit
70 cm, VIII–X, graurosa, Herbstfärbung bronze

3 3 x Goldrute *(Solidago-*Hybride), 50–80 cm, VII–IX, goldgelb

4 3 x Sonnenbraut *(Helenium-*Hybride), 80–120 cm, VI–IX, orange mit gelb

5 1 x Korkflügelstrauch *(Euonymus alatus)*, 200–300 cm, V, gelblich-grün

6 1 x Kissen-Aster *(Aster-*Dumosus-Hybride, z. B. 'Augenweide'),
20–40 cm, IX–X, violettblau

Gräser in der Blumenrabatte

Spektakuläre Herbstszenen zaubern Gräser in Gesellschaft von spät-
blühenden Stauden und Sommerblumen auf die Gartenbühne. Dass
sie in der Rabatte teamfähig sind, beweisen die beiden ausdrucksvollen
Pflanzbeispiele auf dieser Seite.

Links schäumt das Diamantgras
wie spritzige Gischt zwischen rotem
Herbstlaub und gelben Goldruten-
blüten hervor. Dieser Eindruck
drängt sich erst recht auf, wenn die
fein ziselierten Blütenstände am
Morgen mit Tauperlen besetzt sind.
Sie werden bis zu 30 cm lang und
bringen einen Hauch von Schwere-
losigkeit zwischen die wuchtigen
Stauden. Die Halme verfärben sich
im Herbst zu einem leichten Bronze-
ton, und auch der Austrieb im Frühjahr zeigt diese Farbe. Das Ziergras
freut sich über leichten Winterschutz,
ist ansonsten aber absolut problemlos und pflegeleicht, wie die Begleitpflanzen auch.

Etwas anspruchsvoller gibt sich
das Ensemble rechts. Prachtblüher
wie Raublatt-Astern und Dahlien
rahmen das Lampenputzergras ein.
Mit seinem Feuerwerk an Bürsten-
blüten, die mit langen Grannen besetzt sind, bildet es den Mittelpunkt
dieser Pflanzung.

Durchlässiger Boden mit gutem
Humus- und Nährstoffangebot ist
Voraussetzung für das Gelingen die-
ser Kombination. Zu sandige Böden,
aber auch zu schwere, führen zu
Enttäuschungen. Letztere lassen die

Asternhorste auseinanderfallen und die Dahlienknollen faulen. Alle Arten brauchen einen warmen, sonnigen Standort. Nur dann entfalten sie ihre volle Blütenpracht.

Da die Dahlien nicht winterhart sind, nimmt man sie mit den ersten Frösten aus der Erde. Schneiden Sie die Stängel auf eine Handbreit zurück und lassen Sie die Knollen etwas abtrocknen. Dann klopft man anhaftende Erde ab und lagert die Wurzelknollen frostfrei im Keller, bei 4–8 °C ein. Sie werden erst im April wieder ausgepflanzt. Achten Sie daher auf ausreichende Pflanzabstände, um diese Pflegemaßnahmen ausführen zu können.

Diese Komposition lebt von ihrem herbstlichen Blütenreichtum. Zwischen den hohen Stauden ausreichend Platz lassen: Astern reagieren bei zu engem Stand oft mit erhöhter Mehltau-Anfälligkeit. Und das Lampenputzergras braucht viel Raum, um seinen typischen, überhängenden Wuchs zu entfalten.

1 1 x Lampenputzergras (Pennisetum alopecuroides), 40–80 cm, VIII–X

2 2 x Myrten-Aster (Aster ericoides), 80–120 cm, IX–X, weiß-rosa

3 2 x Schmuck-Dahlie (Dahlia-Hybride z. B. 'White Perfection'), 100–120 cm, VII–X, weiß

4 2 x Schmuck-Dahlie (Dahlia-Hybride z. B. 'Autumn Sunburst'), 100–140 cm, VI–X, orange-rot

5 4 x Raublatt-Aster (Aster novae-angliae-Hybride z. B. 'Violetta'), 130–150 cm, IX–X, dunkelviolett

Prärie- und Steppenbeete

Indian-Summer-Farben in warmen Gelb-, Ocker-, Bronze- und Rottönen verleihen dem Beet unten sanfte, freundliche Sonnenuntergangsstimmung. Die hohen, steif aufrechten Halme des Gartensandrohrs geben der Bank Rückendeckung. Sie rascheln und wiegen sich im Wind und erinnern durch die große Fläche, die sie hier einnehmen, an die Prärien Nordamerikas. Die Blütenrispen öffnen sich zunächst

cremeweiß fedrig aufgeplustert. Später ziehen sie sich zusammen und dunkeln ockergelb nach. Auch die Halme vergilben nach und nach.

Sonnenbraut stellt die perfekte Staudenbegleitung dar. Die dankbare, pflegeleichte Staude gibt es in zahlreichen Sorten und samtig warmen Farbtönen. Von Goldgelb über Orange, Kupfer, Bronze bis Ziegelrot reicht die Palette. Am wirkungsvollsten ist die Kombination mehrerer

Diese Pflanzen sind nötig:

1 2 x Lampenputzergras *(Pennisetum alopecuroides* z. B. 'Hameln'), 30–60 cm, VIII–IX

2 2 x Sonnenbraut *(Helenium-*Hybride z. B. 'Goldrausch'), 100–150 cm, VII–IX, gelb, Mitte braun

3 2 x Sonnenbraut *(Helenium-*Hybride z. B. 'Baudirektor Linne'), 80–130 cm, VII–IX, rot

4 2 x Sommeraster *(Aster × frikartii* z. B. 'Mönch'), 80 cm, VIII–IX, hell lavendelblau

5 6 x Gartensandrohr *(Calamagrostis × acutifolia* 'Karl Foerster'), 100–150 cm, VII–VIII, cremeweiß, später ockergelb

Warm und samtig wie ein Sonnenuntergang in der Prärie glühen Gräser und Sonnenbräute an diesem Sitzplatz. Hier kann man dem Rascheln der Gräser lauschen.

Sorten in einem Beet. Das Lampen-putzergras nimmt mit seiner Herbst-färbung das Farbspiel gelungen auf. Für einen kühlen und damit beleben-den Kontrast sorgen die blauen Som-merastern. Sie ergeben im Übrigen, genauso wie die Sonnenbraut, einen haltbaren Vasenschmuck.

Die Pflege dieses Beetes be-schränkt sich auf eine jährliche Kom-postgabe im Frühjahr und das laufende Entfernen verwelkter Blü-tenköpfe. Diese Maßnahme fördert den Ansatz neuer Knospen. Nach ei-nigen Jahren sollte man die Gräser teilen.

Mediterranes Flair

Heiß und trocken mögen es die ausdrucksstarken Schönheiten im Beispiel rechts. Volle Sonne und Wärme, wie im Süden, ist gerade gut genug. Der Boden muss durchlässig sein und darf gerne etwas Kalk ent-halten. Sogar steinige Plätze, ein Kies- oder Schotterbeet käme als passender Standort in Frage. Nur das stattliche Pampasgras braucht etwas tiefgründigeren Boden. Das mediter-rane Ensemble wird stilecht durch eine Terracottaamphore ergänzt. Ei-nige Mittelmeerkräuter könnten die Szene ebenso passend erweitern.
Die Vorliebe für heiße, vollsonnige Plätze lässt sich an der grauen Laubfarbe von Königskerze und Blau-Schwingel ablesen, die nichts anderes als einen Sonnen- und Ver-dunstungsschutz darstellt. Die hohe, zweijährige Blütenpflanze trägt eine flaumige Behaarung auf den Blät-

Wie im Süden trotzen hier einige Asketen den trockenen Standortbedingungen. Steppengräser und silberlaubige Schönheiten ergänzen sich perfekt.

tern. Das niedrige Polstergras schützt sich durch einen feinen Wachsüber-zug vor zu hoher Einstrahlung.

Bei anhaltenden Trockenperioden im Sommer darf man das Pampas-gras durchaus etwas wässern. Nur im Winter reagiert es empfindlich auf Nässe. Es ist dann auf Schutzmaß-nahmen angewiesen (siehe S. 91). Übrigens ist die Pflanze zweihäusig. Die dekorativen, riesigen Blütenbü-schel (in der Grafik ist das Gras vor der Blüte dargestellt) fallen bei den weiblichen Pflanzen imposanter aus. Beim Blauschwingel schneidet man die Rispen gleich nach der Blüte ab. Im Frühjahr putzt man die Horste mit den Fingern aus. Die Königskerze blüht erst im zweiten Standjahr.

Diese Pflanzen brauchen Sie:

1 1 x Haar-Federgras *(Stipa capillata)*, 50 cm, zur Blütezeit 100 cm, VII–VIII, silberweiß

2 2 x Blau-Schwingel *(Festuca glauca)*, 30 cm, zur Blütezeit 40–50 cm, VI–VII, blaugrün, Laub ebenfalls blaugrün

3 3 x Königskerze *(Verbascum bombyciferum)*, 120–180 cm, VI–VIII, gelb, silberlaubig, behaart

4 1 x Pampasgras *(Cortaderia selloana)*, 80–100 cm, hier noch vor der Blüte, zur Blütezeit bis 250 cm, IX–X, silberweiß

EXTRA: Kaum Pflegebedarf

Im Kiesbeet überleben auf Dauer nur wahre Asketen. Trockener Untergrund und Hitze durch die Wärmereflexion der Steine prägen den Standort. Die meisten Akteure im Pflanzbeispiel unten blühen unter diesen Bedingungen auf. Einige, wie Stachelnüsschen und Teppich-Fetthenne, kommen sogar für Dachbegrünungen in Frage. Das Bild bestimmt das Riesen-Federgras mit seinen spektakulären, langen Blütenhalmen, die sich bis zu zwei Meter

Pflegeleichtes Kiesbeet

1 1 x Riesen-Federgras *(Stipa gigantea)*, 50/200 cm, VI–VIII

2 2 x Besenginster *(Cytisus scoparius)*, 100–200 cm, V–VI, gelb

3 4 x Verbene *(Verbena bonariensis)*, 130 cm, VII–IX, lila

4 1 x Rote Hecken-Berberitze *(Berberis thunbergii* 'Rose Glow'), 50–150 cm, V, gelb

5 3 x Buchsbaum *(Buxus sempervirens)*, 20–30 cm, IV–V, unscheinbar

6 2 x Flaumhaar-Federgras *(Nasella tenuissima)*, 60 cm, V–VI

7 4 x Teppich-Fetthenne *(Sedum spurium* 'Purpurteppich'), 10–15 cm, VII–VIII, karminrot

8 1 x Palmlilie *(Yucca filamentosa)*, 120–200 cm, VII–IX, weiß

9 3 x Stachelnüsschen *(Acaena microphylla* 'Kupferteppich'), 10 cm, VI–VII, unscheinbar

10 2 x Bergenie *(Bergenia*-Hybride, z. B. 'Wintermärchen'), 30–35 cm, IV–V, rot

hoch über die Blatthorste erheben. Ihr Gelb wird vom roten Laub der Berberitze, der Bergenien und der Teppichbildner kontrastreich untermalt.

Dem Flaumhaar-Federgras, der Palmlilie und den Verbenen sollte man im Winter etwas Frost- und Nässeschutz gönnen. Die Buchsbaumkugeln wässert man an frostfreien Tagen auch im Winter.

Eine anspruchslose Gesellschaft ist auch die Rabatte oben. Die üppigen Blüten und die prachtvollen Gestalten vermitteln zwar einen ganz anderen Eindruck, aber am besten entwickelt sich diese Kombination, wenn man möglichst wenig eingreift und zurückhaltend düngt. Auch mit Trockenheit kommen die meisten dieser Gräser und Stauden ganz gut zurecht. Voraussetzung zum Wohlfühlen ist allerdings ein sonniger Standort, dann blüht Ihnen ein farbenfroher Herbst.

Die Blütenpracht des Sonnenhuts lässt sich verlängern, wenn man laufend verwelkte Köpfe oberhalb der ersten Verzweigung des Blütenstiels ausschneidet.

Das zauberhafte weiß-blaue Beet besteht aus anspruchslosen Stauden und Gräsern und macht daher wenig Arbeit; es braucht jedoch ein sonniges Plätzchen.

Diese Pflanzen sorgen für eine duftige Erscheinung

1 2 x Scheinaster (*Boltonia asteroides*), 100 cm, VIII–X, weiß

2 2 x Diamantgras (*Calamagrostis brachytricha*), 50–70 cm, VIII–X, graurosa, Herbstfärbung bronze

3 2 x Duftnessel (*Agastache* 'Blue Fortune'), 80 cm, VII–IX, violettblau

4 3 x Pyrenäen-Aster (*Aster pyrenaeus* 'Lutetia'), 60 cm, VIII–IX, zartlila

5 2 x Lampenputzergras (*Penni-*

setum alopecuroides), 40–80 cm, VIII–X, bräunlich

6 1 x Haar-Federgras (*Stipa capillata*), 50 cm, VII–VIII, silberweiß

7 2 x Sonnenhut (*Echinacea purpurea* 'Alba'), 80 cm, VII–IX, weiß

8 2 x Herzzittergras (*Briza media* 'Alba'), 40 cm, V–VII

9 1 x Stauden-Phlox (*Phlox*-Paniculata-Hybride 'Pax'), 90 cm, VIII–IX, weiß

SO GEHT'S   einfach & schnell

❀ Gräser bringen Leichtigkeit und Transparenz in den Garten. Durch ihre schmalen Halme und die vertikale Wuchsform sorgen sie gleichzeitig für Struktur.

❀ Mit ihren oft fedrig aufgeplusterten Blüten- und Samenständen sowie teilweise herbstfärbendem Laub verschönern Gräser die dritte Jahreszeit. Über den Winter läss man sie stehen.

❀ Die meisten Gräser sind sehr anpassungsfähig, was den Standort anbelangt. Doch im riesigen Sortiment gibt es auch Spezialisten wie Wald-, Sumpf- oder Steppengräser für extreme Plätze.

❀ Mit Bambus und hohen Gräsern lassen sich Japangärten gestalten. Aber auch für Themen, wie Kies- oder Steingarten, Steppen- oder Waldgarten, gibt es dekorative, oft buntlaubige Arten.

Kraftpakete: Zwiebeln und Knollen

Turboblüher für den Garten – kaum gesteckt, treiben sie es kunterbunt

Die Startlöcher lassen sie blitzschnell hinter sich, und das in doppelter Hinsicht. Zwiebel- und Knollenpflanzen erweisen sich als wahre Sprinter im Beet. Erstens findet man unter ihnen eine ganze Menge extremer »Frühaufsteher«, die ihre Blüten bereits zu Jahresbeginn, im ausklingenden Winter, der Sonne entgegenstrecken. Zweitens brauchen sie vom Steckzeitpunkt bis zur vollen Prachtentfaltung nur wenige Wochen. Stauden benötigen oft einige Jahre, ehe aus einer Jungpflanze ein stattliches Exemplar wird.

Wie machen die das? Im Grunde handelt es sich um eine Anpassung an relativ unwirtliche Standorte. Zwiebel- und Knollenpflanzen sind nichts anderes als hochspezialisierte Stauden, die eine besondere Überlebensstrategie entwickelt haben. Oft stammen sie aus Steppengebieten, wo sie im Sommer extremer Trockenheit und voller Sonneneinstrahlung ausgesetzt sind, im Winter aber frostigen Temperaturen. So haben sich die meisten darauf verlegt, im zeitigen Frühjahr zu blühen, wenn der Boden noch feucht ist und die Sonne noch mild. Schon kurz nach der Blüte ziehen sie ein. Die Blätter

vergilben und sterben ab. Alle darin gespeicherten Stoffe wandern dann in die unterirdischen Speicherorgane, die Zwiebeln und Knollen. Dort überdauern sie den Rest des Jahres, bis die Lebensbedingungen wieder freundlicher werden. Bei den Zwiebelblumen wird in der Zwiebel dann bereits die komplette neue Pflanze en miniature angelegt. Knollen dienen einfach als Energiespeicher und halten die Nährstoffe für den Kräfte zehrenden Neuaustrieb bereit.

Neben dem riesigen Heer der Vorfrühlings- und Frühlingsblüher gibt es noch die kleinere Gruppe der sommerblühenden Arten. Dazu gehören so prächtige Gestalten wie Lilien, Zierlauch, Gladiolen und Dahlien. Sie kommen zum Teil aus wärmeren Erdteilen, deshalb sind bei uns nicht alle winterhart. Die Knollen von Dahlien und Gladiolen holt man mit den ersten Frösten aus dem Boden und setzt sie erst im Frühjahr wieder ein.

Die Frühlingsboten

Zum Auftakt des Jahres sind sie einfach unersetzlich. Während sich der Rest des Gartens noch im Tiefschlaf befindet, setzen die ersten

Vorfrühlingsblüher schon ihre Farbtupfer zwischen die letzten Schneereste. Winterling, Schneeglöckchen, Anemonen & Co. überbrücken die blütenarme Jahreszeit mit ihrem zierlichen Charme.

Viele leben gerne am Gehölzrand, wo sie oft verwildern und im Lauf der Jahre ausgedehnte Teppiche bilden (siehe auch S. 66).

Ab April und Mai gesellen sich dann immer stattlichere Arten dazu, die sonnigen Rabatten und Beeten große Blüten bescheren. Hyazinthen, Tulpen, Narzissen und Kaiserkronen brauchen die Konkurrenz der Prachtstauden nicht zu scheuen. Am besten streut man sie in kleinen Gruppen in die Lücken zwischen Polsterstauden oder breiten Blatthorsten, die das vergilbende Laub der Zwiebelblumen beim Einziehen später geschickt kaschieren.

Steckzeit für die Frühlingsboten ist der Herbst. Im September/Oktober kommen die Bulben in die Erde. Dann können sie noch vor dem Frost erste Wurzeln bilden, um zum Saisonstart mit voller Kraft loszulegen. Wer im Herbst keine Gelegenheit hatte, kann zur Blütezeit auf vorgezogene Ware aus dem Fachhandel zurückgreifen. Die Kraftpakete gibt es dann in Töpfen und Schalen, wo sie fast noch mehr Charme entfalten.

◀ Während der Rest des Gartens noch im Winterschlaf schlummert, zaubern Zwiebelblumen bereits farbenfrohe Bilder in den Garten. Hier sorgen Tulpen in vielen Farben zwischen immergrünen Buchskugeln und -kegeln für Frühlingsatmosphäre.

Frühe Farbtupfer im Garten

Diese Pflanzen brauchen Sie:

1 5 x Hasenglöckchen *(Hyacint-hoides non-scripta)*, 25–30 cm, IV–V, blau

2 2 x Christrose *(Helleborus-*Hybride), 25–40 cm, II–IV, weiß

3 11 x Elfen-Krokus *(Crocus tommasinianus)*, 10 cm, II–IV, helllila

4 3 x Kaukasusvergissmeinnicht *(Brunnera macrophylla)*, 30–50 cm, III–V, himmelblau

5 5 x Balkan-Anemone *(Anemone blanda-*Mischung), 20–25 cm, III–V, weiß, rosa, blau

6 3 x Lärchensporn *(Corydalis cava)*, 15–25 cm, IV–V, purpurrosa

7 2 x Schnee-Marbel *(Luzula nivea)*, 20–25 cm, V–VII, weißlich

8 3 x Puschkinie *(Puschkinia scilloides* var. *libanotica)*, 10-15 cm, III–IV, hellblau-weiß

Unter dieser Baumkrone beginnt der Frühling im Garten. Schon ab Februar bekennen die ersten Elfen-Krokusse und die Christrosen Farbe. Ab März spiegeln das Kaukasusvergissmeinnicht und die Apollo-Zwerghyazinthen das Blau des Himmels wider und Anemonen steuern ihre verschiedenen Pastelltöne bei. Im April schließlich, wenn im Rest des Garten die Stauden gerade mit dem Austrieb beschäftigt sind, blüht hier die ganze Fläche und breitet einen bunten Teppich unter den Ästen und Zweigen aus.

Besonders apart wirkt diese Gesellschaft unter einer Magnolie. Sie blüht ebenfalls bereits ab April und ergänzt mit ihrem rosa Flor, der an den sonst noch kahlen Zweigen erscheint, die romantische blau-weiß-rosa Farbpalette der Zwiebelblumen perfekt.

Lässt man die zierlichen Frühlingsboten ungestört, werden sie ihre Teppiche im Lauf der Zeit immer weiter weben und sogar Teile des umgebenden Rasens erobern. Verzichten Sie also auf dieser Fläche auf Bodenbearbeitung, das birgt nur die Gefahr die oberflächennahen Wurzeln und Knollen zu verletzen. Warten Sie auch mit dem ersten Rasenschnitt zwischen den Zwiebelblumen ab, bis die Blüten verwelkt und die Laubblätter vergilbt sind. Sonst schwächt man die Pflanzen unnötig und raubt ihnen Kraft für den Neuaustrieb in der nächsten Saison. Wenn die Blütenpracht vorbei ist, sorgen Christrosen und Schneemarbel mit ihrem wintergrünen Laub noch für Farbe im Schatten der belaubten Krone.

Bunte Lückenfüller zwischen Immergrünen

Das Grundgerüst dieser 1,2 x 2,2 m großen Anlage verkörpern mehrere Buchskugeln und die immergrünen Horste der gelb-grün gestreiften Japan-Seggen. Sie sind auch den Winter über präsent. In den Lücken zwischen den runden grünen Kuppeln stecken jede Menge Frühlingsboten. Schon ab Februar spitzen die ersten vorwitzigen Köpfchen von Schneeglöckchen und Winterling her-

Ein weiß-rosa-blauer Blütenteppich korrespondiert zauberhaft mit der zarten Blüte der Magnolie und sorgt für einen herrlich romantischen Saisonstart.

Diese farbenfrohe Frühlingsgesellschaft im immergrünen Rahmen lässt sich im Handumdrehen verwirklichen und ist ausgesprochen pflegeleicht.

vor. Ihr Weiß und Gelb lässt einem in dieser sonst noch so kahlen Jahreszeit das Herz aufgehen. Im März fallen Krokusse und Narzissen mit ein und nach und nach die ganze Zwiebelgesellschaft, bis ein herrlich buntes Frühlingsbild im grünen Rahmen entstanden ist. Bis Ende Mai hält sich Farbe in dieser Pflanzung.

Für ungeduldige Gärtner stellt dieses Beet eine Ideallösung dar. Legt man das Beet im Herbst an und kauft Buchskugeln und Gräser vorgezogen, kann man gleich die Zwiebeln der Frühlingsblüher mit in die Erde ste-

cken. Über die nächsten zwei, drei Monate lässt man alles gut einwurzeln, und schon im Spätwinter, quasi im Handumdrehen, explodiert diese blütenreiche Gesellschaft.

Der Standort sollte sonnig bis halbschattig sein. Wichtig ist ein durchlässiger, aber humoser Boden. Zumindest die großblütigen Tulpen und Narzissen freuen sich zudem über ein gutes Nährstoffangebot. Eine kleine Kompostgabe zum Blattaustrieb tut ihnen gut.

Diese Pflanzen brauchen Sie:

1 5 x Buchsbaum *(Buxus sempervirens)*, Kugelform, 20–40 cm

2 5 x Japan-Segge *(Carex hachijoensis* 'Evergold')*, 20–30 cm, V–VII, Halme gelb gestreift

3 5 x Gefüllte Tulpe *(Tulipa-* Hybride 'Wirosa')*, 35–45 cm, IV–V, rot mit weißem Rand

4 10 x Triumph-Tulpe *(Tulipa-* Hybr.)*, 40–50 cm, IV, viele Farben

5 5 x Fosteriana-Tulpe *(Tulipa-* Fosteriana-Hybride 'Orange Emperor')*, 35 cm, III–IV, orange

6 15 x Trompeten-Narzisse *(Narcissus-*Pseudonarcissus-Hybride 'Topolino')* 40–60 cm, III–IV, gelb

7 10 x Gemischte Narzissen *(Narzissus-*Hybriden)*, 30–50 cm, III–V, gelb, orange

8 15 x Krokus *(Crocus-*Hybriden)*, 10–15 cm, III–IV, viele Farben

9 10 x Greigii-Tulpe *(Tulipa-*Greigii-Hybride 'Orange Emperor')*, 25 cm, IV–V, rot-weiß

10 10 x Schneeglöckchen *(Galanthus nivalis)*, 10–15 cm, II–IV, weiß

11 15 x Traubenhyazinthen *(Muscari armeniacum)*, 15–25 cm, IV–V, blau

12 10 x Winterling *(Eranthis hyemalis)*, 10 cm, II–III, gelb

13 5 x Hyazinthen *(Hyacinthus-*Orientalis-Hybriden)*, 20–30 cm, IV–V, viele Farben

14 10 x Engelstränen-Narzissen *(Narcissus triandrus* 'Hawera')*, 20 cm, IV–V, hellgelb, duftend

Hier zelebrieren Strauß-Narzissen mehrerer Sorten den Frühling im Topf. Einige, etwa 'Bridal Crown' und 'Sailboat', duften sogar. Im Vordergrund schaffen die grün-weiß gestreifte Tulpe 'Spring Green' und Waldsteinien die passende Kulisse.

Charmant in Beet und Topf

Zu den Vorzügen der Zwiebel- und Knollenpflanzen gehört, dass sie beim Pflanzen wenig Platz beanspruchen. Kein Erdballen, für den große Pflanzlöcher ausgegraben werden müssten. Vielmehr kann man die kleinen, kompakten Bulben auch in schmale Zwischenräume stecken, ohne die Wurzeln von Nachbarpflanzen groß zu stören. Das macht sie zu idealen Lückenfüllern im Beet. Kleinen Zwiebeln, etwa die der zierlichen Vorfrühlingsboten, die nicht sehr tief in die Erde müssen, kann man mit dem Finger ein Loch vorbohren. Für

größere, etwa Tulpen- oder Narzissenzwiebeln, sind so genannte Zwiebelstecher, wie sie im Fachhandel angeboten werden, sehr nützliche Hilfsmittel. Mit ihnen kann man auch tiefere Pflanzlöcher sehr schmal halten.

Die optimale Pflanztiefe variiert von Pflanzenart zu Pflanzenart. Als Faustregel gilt: Die Zwiebel sollte etwa zwei- bis dreimal so tief gesteckt werden, wie sie hoch ist. Für stattliche Gartentulpen oder Osterglocken bedeutet das etwa 15 Zentimeter, für Blausternchen oder

Krokusse etwa fünf Zentimeter Tiefe. Eine fünf Zentimeter hohe Schicht aus grobem Sand am Grund des Pflanzlochs sorgt für guten Wasserabzug und verhindert das Faulen der Zwiebeln. Auf sehr sandigen Böden genügt es natürlich, den Untergrund etwas aufzulockern. Mischen Sie großblütigen Prachtgestalten eine Hand voll Kompost als »Wegzehrung« mit in die Anfüllerde.

Außer stauender Nässe kann Zwiebelblumen eigentlich nur noch eins gefährlich werden, nämlich die Wühlmaus. In Gärten, die gerne von diesen ungebetenen Gästen heimgesucht werden, empfiehlt es sich, die Bulben in Draht- oder Plastikkörben zu setzen. Das schützt sie vor den gefräßigen Nagern.

Pflegeleichtigkeit ist ein weiteres großes Plus der Zwiebel- und Knollenblumen. Sind sie erst mal in der Erde, machen sie kaum noch Arbeit. Nach dem Abblühen sollte man bei den Prachtgestalten, die Beete und Rabatten bereichern, also Gartentulpen, Trompetennarzissen, Kaiserkronen, die verwelkten Blütenköpfe abschneiden. Das Laub belässt man zunächst. Es vergilbt langsam und stirbt ab. Erst dann entfernt man die Blätter aus dem Beet.

Die Teppichbildner am Gehölzrand gedeihen am besten, wenn man sie völlig sich selbst überlässt und möglichst wenig stört. Äußerst anspruchslos sind auch Botanische Tulpen, Wildkrokusse, Goldlauch und Zwerg-Iris, die sich in Steingärten wohlfühlen.

Blüten kastenweise

Balkone, Treppenabsätze, Terrassen und Hauseingänge lassen sich jedoch ebenso hervorragend mit Zwiebelblühern schmücken. Denn die zierlichen Kraftpakete passen in vielerlei dekorative Gefäße. In höheren Töpfen und Kübeln kann man die Zwiebeln und Knollen sogar übereinander schichten: große unten und versetzt darüber die kleineren. So schieben sich die Stängel von Tulpen oder Narzissen zwischen den Zwiebelchen von z. B. Krokussen hervor und erblühen im Frühjahr zu einem perfekten Team.

In die Gefäße muss als unterste Schicht Kies, der mit Vlies abgedeckt wird. Darauf verteilt man dann Erde und Zwiebeln. Graben Sie die Gefäße zunächst im Garten ein. Erst nach den ersten Bodenfrösten holt man sie ins Haus und stellt sie rund zehn Wochen bei 8–10 °C hell auf. Mit den ersten Blüten rückt man sie an einen warmen Sonnenplatz. Wem das zu mühsam ist, der greift auf vorgezogene Ware aus dem Handel zurück. Dort blüht bereits zu Jahresbeginn der Frühling in Töpfen.

Für einen traumhaft romantischen Saisonstart sind hier die Tulpensorten 'Shirley' (weiß), 'Don Quichotte' (pink) und 'Ballade' (rosa-weiß) verantwortlich. Farblich perfekt aufeinander abgestimmt erheben sie ihre großen Blüten zwischen den lilafarbenen, flachen Teppichen des Polster-Phlox *(Phlox subulata)*.

Die Pflanzen in diesem Kasten stammen aus gärtnerischer Vorkultur. Vorgetriebene Ranunkeln ergänzen die klassischen Frühlingsboten mit ihren dichtgefüllten Blüten. Ein sonniger, regengeschützter Platz ist das Beste für diese Kombination. In Frostnächten holt man das Gefäß vorübergehend ins Haus.

1 3 x Jonquillen-Narzissen *(Narcissus jonquilla)*, 10–50 cm, IV–V, gelb

2 1 x Ranunkel *(Ranunculus asiaticus)*, 30–40 cm, VII–VIII, hier weiß

3 1 x Vergissmeinnicht *(Myosotis sylvatica,* z. B. 'Rosylva'), 15–30 cm, IV–VI, rosa

4 1 x Gefüllte Tulpe *(Tulipa*-Hybride z. B. 'Peach Blossom'), 25–30 m, IV–V, rosa-weiß

5 3 x Hornveilchen *(Viola*-Cornuta-Hybriden), 10–25 cm, V–VII + IX–X, viele Farben, hier gelb und *weiß*

Vorgezogene Blüten für Frühlingsdekorationen

Fleißige Gärtner machen es möglich: Schon ab Januar strahlt der Frühling in den Gärtnereien in den prächtigsten Farben aus allerlei Pflanzgefäßen und macht dem Winter endgültig Beine. Vorgezogene Zwiebelblumen entfalten bereits ihre volle Blüte. Mit den bezaubernden Kästen und Töpfen beginnt die neue Gartensaison wenigstens schon mal auf dem Fensterbrett, vor der Eingangstür oder auf der Terrasse. Doch Vorsicht: Die Pflänzchen wurden im warmen Gewächshaus angetrieben und sind etwas verwöhnt. Bei richtigen Frösten sollte man die Gefäße wieder ins Haus holen. Auch im Freien stellt man sie am besten etwas regengeschützt auf. Erst nach einer ganzen Saison im Freien sind sie dann ebenso wintertauglich wie die Verwandtschaft in den Beeten. Dann kann man sie im Herbst auspflanzen.

Ein heiteres Aushängeschild ist der Fensterkasten links. Weiß und Gelb dominieren das Bild und hellen nicht nur trübe Tage auf, sondern auch die wintermüde Seele. An einem sonnigen Fenster wirkt er als einladender Willkommensgruß.

Im Beispiel rechts verbreiten rosa und weiße Blüten Romantikstimmung. Die kühl-dezente Ausstrahlung des Zinkkastens untermalt das Flair perfekt. Ob riesig oder filigran, die Blumen fügen sich in verschiedenen Blütenebenen zu einer originellen Gesellschaft zusammen. Schade, dass der Frühling nicht ewig währt!

Diese Topf- und Kastengesellschaft setzt sich aus folgenden Zwiebel-, Sommerblumen und Stauden zusammen:

1 1 x Gefüllte Tulpe *(Tulipa-*Hybride z. B. 'Peach Blossom'), 25–30 m, IV–V, rosa-weiß

2 2 x Vergissmeinnicht *(Myosotis sylvatica,* z. B. 'Rosylva'), 15–30 cm, VI–IX, rosa

3 3 x Hornveilchen *(Viola-*Cornuta-Hybride z. B. 'Milkmaid'), 10–25 cm, V–VII + IX–X, weiß

4 1 x Hyazinthe *(Hyacinthus-*Orientalis-Hybride z. B. 'Carnegie'), 20–30 cm, IV–V, weiß

5 1 x Tausendschön *(Bellis perennis),* 15 cm, III–V, viele Farben, hier rot

6 4 x Schachbrettblume *(Fritillaria meleagris),* 20–33 cm, IV–V, violett, weiß

7 1 x Frühlingsstern *(Ipheion uniflorum),* 15–20 cm, IV–V, violett, weiß-bläulich

8 1 x Ranunkel *(Ranunculus asiaticus),* 30–40 cm, VII–VIII, hier weiß

9 1 x Akelei *(Aquilegia-*Hybride), 25–60 cm, V–VI, hier rosa-cremefarben

Sommerliche Prachtgestalten

Nach Ende Mai hat das Gros der Zwiebelblumen seine Blüte abgeschlossen. Die zahllosen Frühlingsboten ziehen sich endgültig zurück. Immer mehr Staudenblüten in den Beeten lenken jetzt die Aufmerksamkeit auf sich. Doch eine Handvoll Zwiebel- und Knollenpflanzen behaupten sich auch im Sommer erfolgreich in der großen Konkurrenz. Es sind besonders stattliche und auffällige Blüher wie Zier-Lauch, Steppenkerzen, Lilien, Gladiolen und Dahlien.

In nebenstehendem Beispiel beweisen Zierlauch und Steppenkerzen, welch tragende Rollen Zwiebel- und Knollenpflanzen in sommerlichen Beeten übernehmen können. Die runden weißen Blütenkugeln und die riesigen, bis zu einem Meter langen, schlanken Kerzen scheinen auf ihren straffen, unbelaubten Stielen förmlich über dem Rest der Pflanzung zu schweben. Darunter breiten Storchschnabel und Katzenminze ein blaues Meer aus Staudenblüten aus. Die Kombination der kühlen Farben Blau und Weiß verleiht dieser Gartenpartie ungeheure Eleganz und Zurückhaltung. Der Blütenhöhepunkt liegt im Sommer. Ab August sorgt nur noch die Katzenminze bis in den Herbst hinein für Farbe.

Kugeln und Kerzen

Ein sonniger Standort bietet die passende Voraussetzung für gutes Gedeihen. Der Boden muss, wie bei allen Zwiebelpflanzen, sehr durchlässig sein, damit die fleischigen Speicherorgane nicht faulen. Anders als bei den bescheidenen Vorfrühlingsboten muss er aber auch reichlich Nährstoffe bieten, denn die stattlichen Gestalten und die vielen Kugeln und Kerzen von Zierlauch und Steppenkerze kommen nicht aus dem Nichts. Versorgen Sie sie deshalb jährlich mit einer Startdüngung im Frühjahr.

Oktober/November gelten als die beste Steckzeit. Bringen Sie die Lauchzwiebeln 20 Zentimeter tief in die Erde. Der Wurzelstock der Steppenkerze besteht aus einer seesternartigen Knolle und ist sehr brüchig. Das Pflanzloch in ausreichender Breite ausheben und zuunterst eine Drainageschicht aus grobem Sand einfüllen. Die Knolle vorsichtig darauflegen. Sie sollte 15 Zentimeter unter der Oberfläche zu liegen kommen.

Schneidet man die Blüten nach dem Welken ab, spart das den Pflanzen eine Menge Energie. Andererseits besitzen beispielsweise gerade die Zierlauchkugeln auch als Fruchtstände noch viel Schmuckwert, was man freilich auch für Sträuße nutzen kann.

Die Pflanzen dieser vornehmen Gesellschaft bevorzugen alle sehr durchlässige Böden und einen warmen, sonnigen Standort. Katzenminze kann man nach der ersten Blüte bis zum Boden zurückschneiden. Sie wächst dann kompakter nach. Breitet sich der Storchschnabel zu sehr aus, dezimiert man ihn durch Abstechen mit dem Spaten.

1 4 x Zier-Lauch *(Allium 'Mont Blanc')*, 80–110 cm, V–VI, weiß, duftend

2 3 x Steppenkerze *(Eremurus robustus)*, 150–250 cm, VI–VI, weiß

3 2 x Katzenminze *(Nepeta racemosa,* z. B. 'Walker's Low'), 20–40 cm, V–IX, lavendelblau

4 4 x Pracht-Storchschnabel *(Geranium × magnificum)*, 40–60 cm, VI–VII, blauviolett

5 1 x Färberhülse *(Baptisia australis)*, 150 cm, VII–VIII, blau

Körbeweise Herbstblüten Ton-in-Ton arrangiert: Hier untermalen die Schmuck-Dahlie 'Bonne Louise' und die zweifarbige Kaktus-Dahlie 'Park Princess' ein Federborstengras. Daneben stimmt eine Sommerheide in die Farbsinfonie ein.

EXTRA: Herbst-Zwiebeln

Dahlien trumpfen ab Juli mit ihren teilweise sensationellen Blüten auf. Und wenn man verwelkte Blumen laufend entfernt, blühen die Pflanzen unermüdlich bis zu den ersten Frösten durch. Obwohl die schönen Mexikanerinnen erst vor rund 200 Jahren unsere Gärten eroberten, gehören sie heute zu den vielgestaltigsten und formenreichsten Blumen überhaupt. Die Sortenpalette ist schier unüberschaubar, und man klassifiziert sie der besseren Übersicht halber in Gruppen mit ähnlicher Blütenform. Neben einfachen, ungefüllten Blüten unterscheidet man dicht gefüllte Ball-Dahlien, kugelrunde Pompon-Dahlien, Kaktus-Dahlien mit eingerollten, langen Blütenblättern sowie Schmuck-Dahlien, Anemonen-, Päonienblütige und andere mehr. Die Farbvielfalt lässt dabei genauso wenig Wünsche offen. Außer Schwarz und reinem Blau gibt es keinen Ton, den es nicht gäbe. Manche Sorten brillieren sogar mit Mehrfarbigkeit. Sie finden 160 Zentimeter hohe Giganten für das Prachtbeet unter den Dahlien, aber ebenso 20 Zentimeter kleine Zwerge für die Topfkultur.

Die Kleinen ins Töpfchen

Besonders zierliche Schönheiten finden sich unter den Mignon- und den Topmix-Dahlien. Die ersten werden etwa 30 bis 50 Zentimeter hoch, die zweite Gruppe sogar nur 20 bis 30 Zentimeter. Im Garten werden sie gerne als Beeteinfassung gepflanzt. Ihnen genügt aber auch ein Sechs-Liter-Blumentopf, um richtig Staat zu machen. Höhere Dahlien überzeugen ebenso im Kübel, brauchen aber größere Gefäße und eventuell eine leichte Stütze, denn sie sind, auch im Beet, nicht immer ganz standfest.

Beim Eintopfen muss, wie bei allen Zwiebel- und Knollenpflanzen, zuunterst eine etwa fünf Zentimeter hohe Schicht Kies für guten Wasserabzug sorgen. Erst darauf folgt nährstoffreiche Erde, denn als Dauerblüher stellen Dahlien hohe Ansprüche an eine gute Ernährung. Zuletzt deckt eine fünf Zentimeter hohe Erdschicht die Knollen ab.

Das Indische Blumenrohr *(Canna indica)* teilt mit den Dahlien die gleiche, lange Blütezeit. Neben auffälligen Blüten in Gelb, Orange, Rosa oder Rot schmücken aber auch satt grüne – manchmal auch rotbraune – große, Bananenstauden ähnliche Blätter die Pflanzen. Die sehr exotisch anmutenden lateinamerikanischen Schönheiten brauchen viel Wasser und, wie die Dahlien, reichlich Sonne und nährstoffreiche Erde. Es gibt Sorten, die bis zu zwei Meter Höhe erreichen und die Leitfunktion in Rabatten übernehmen. Für den Topfgarten stehen auch kleinere Varietäten zur Verfügung.

Den Winter können weder Dahlien noch *Canna* draußen verbringen. Deshalb gräbt man die Knollen nach den ersten Frösten aus und und schneidet die Stängel ab. Lassen Sie sie etwas antrocknen und entfernen Sie Erdreste. Zum Überwintern bringt man sie ins Haus und lagert Dahlien bei vier bis acht, *Canna* bei zehn Grad ein. Gelegentlich auf Fäulnisbefall kontrollieren. In sehr trockenen Räumen empfiehlt es sich, die Speicherorgane in Kisten zu legen und mit Sand oder Torf abzudecken. Pflanzen in Töpfen stellt man mit Gefäß frostfrei auf und topft sie im Frühjahr in frische Erde um. Bei dieser Gelegenheit kann man die Knollen teilen und die Pflanzen vermehren.

Ab Ende April beginnt für die Dahlien die Freiluftsaison wieder. *Canna* treibt man ab März an einem hellen, ca. 18 °C warmen Platz vor und stellt sie Mitte Mai erst ins Freie.

SO GEHT'S	einfach & schnell

❀ Zwiebelblumen und Knollenpflanzen sind prima Lückenfüller im Beet, bringen aber auch Farbe an den Gehölzrand.

❀ Sie sind ideal für ungeduldige Gärtner, denn vom Stecken bis zur ersten Blüte dauert es nur einige Wochen.

❀ Der überwiegende Teil des Sortiments gehört zu den Vorfrühlings- und Frühlingsblühern. Sie sind im Garten unersetzlich, da sie Farbe in eine sonst noch sehr blütenarme Jahreszeit bringen.

❀ Steckzeit für die Frühlingsblüher ist der Herbst. Im Frühjahr bietet der Fachhandel vorgezogene Ware in Töpfen an.

❀ Einige Prachtgestalten blühen im Sommer und Herbst, etwa Lilien, Dahlien, Indisches Blumenrohr und Gladiolen.

Das Indische Blumenrohr bringt mit seinen üppigen, Bananenstauden ähnlichen Blättern exotisches Flair in den Garten. Es gibt Sorten in vielerlei Größen – auch im Topfformat – mit gelben, orangefarbenen und roten Blüten.

Blütenfeuerwerk für eine Saison

Einjährige Sommerblumen sorgen für leuchtkräftige Dauerblüte

Ihr Lebenszyklus ist kurz, hat es aber gewaltig in sich. Jedes Jahr wachsen sie aus einem Samenkorn neu heran, blühen, fruchten und sterben im Herbst wieder ab. Ihr ganzes Leben spielt sich innerhalb einer Saison ab. Daher bezeichnet man sie einfach als Einjährige oder auch als Sommerblumen. Denn ihre Blüte währt »nur« einen Sommer, verschwendet sich aber meist von Juni bis zu den ersten Frösten in einem Monate anhaltenden Dauerfeuerwerk. Leuchtende, oft sogar knallige Farben sind ihr Markenzeichen und eine unglaubliche Fülle an Blüten. In Beeten und Rabatten sind sie daher Farbträger erster Güte. Wo immer sich im Laufe des Sommers durch schwächelnde Stauden oder abgeblühte Zwiebelblumen Lücken auftun, zaubern sie im Handumdrehen neue Blütenfülle herbei.

Für Ungeduldige und Unentschlossene sind sie gleichermaßen erste Wahl. Weiß man mit einem neu anzulegenden Garten oder mit einem leergeräumten Beet noch nicht so recht, wie man die Fläche langfristig gestalten will, bieten sich Einjährige als geniale Übergangslösung an. Im Frühjahr ausgesät, entsteht in wenigen Wochen ein »Instant-Beet«, und man darf einen Sommer lang Blütenfülle genießen statt kahler Erde. Im Herbst stirbt die Pracht dann ab und räumt das Feld für die dauerhafte Bepflanzung.

Robuste, Zweijährige und Exoten

Kältetolerante Arten sät man ab April direkt ins Freiland. Einfacher geht's wirklich nicht. Zu diesen robusten Vertretern gehören viele traditionsreiche Bauerngartenpflanzen wie Ringelblumen, Bechermalven, Jungfer-im-Grünen, Levkojen oder Sonnenblumen. Mit ihrem rustikalen Charme bringen sie etwas ländliches Flair in den Garten. Sie keimen direkt an ihrem endgültigen Standort, auch wenn das Frühjahr noch kühle Nachttemperaturen beschert. Säen Sie sie aber nicht zu dicht aus. Später muss man die Pflanzen ohnehin vereinzeln.

Andere sind gerade als Jungpflänzchen noch etwas empfindlicher oder brauchen einfach wärmeren Boden zum Keimen. Solche Arten zieht man ab Februar/März auf einem sonnigen Fensterbrett im Haus vor. Erst nach den Eisheiligen ziehen sie ins Beet um. Wem das zu aufwendig erscheint, der kann natürlich im Mai auf fertige Jungpflanzen aus der Gärtnerei zurückgreifen. Männertreu, Vanilleblume, Leberbalsam, Zinnien und das übrige gesamte Beet- und Balkonpflanzensortiment wartet dann bereits auf Käufer.

Einige wärmeliebende, exotische Arten, die als Einjährige im Handel sind, gedeihen in ihren Heimatländern durchaus mehrjährig, als Staude oder sogar Gehölz. Wegen ihrer mangelnden Winterhärte sterben sie hierzulande mit den ersten Frösten ab. Man behandelt sie daher in der gärtnerischen Praxis wie Einjährige, wirft die erfrorenen Pflanzen weg und setzt im Frühjahr neue. Dabei können einige, etwa Geranien, in einem passenden, frostfreien Überwinterungsquartier an geschützterem Ort durchaus alt werden.

Eine kleine, aber feine Sondergruppe bilden die Zweijährigen. Man gliedert sie meist ins Sommerblumensortiment ein, obwohl ihr Lebenszyklus etwas abweicht. Die Aussaat erfolgt bei diesen Arten im Sommer, am besten auch in Gefäße oder separate Anzuchtbeete. Im Herbst setzt man die Jungpflanzen dann an ihren endgültigen Standort, wo sie als Blattrosetten überwintern. Erst im Folgejahr blühen sie auf.

◄ Kornblumen, Malven, Strohblumen und üppige Dahlien ergänzen sich zu einen typischen Bauerngarten-Blumenbeet. Die meisten einjährigen Dauerblüher machen auch als Schnittblumen in der Vase eine gute Figur.

Grüße aus Großmutters Bauerngarten

Ganz nach alter Tradition ist dieser Pflanzvorschlag angeordnet. Eine Buchseinfassung setzt klare geradlinige Grenzen, innerhalb derer wiederum einzelne Beete mit geometrischer Grundform Platz finden. Dazwischen ermöglichen Wege den leichten Zugang zu allen Kulturen. Das ist auch wichtig, denn hier gedeihen Zier- und Nutzpflanzen in buntem Miteinander, ganz nach dem Vorbild alter Bauerngärten, die diese Struktur wiederum den Mönchen mittelalterlicher Klöster abgeschaut haben.

Diese Anordnung der Pflanzen folgt nicht nur ästhetischen Gesichtspunkten. Schon unsere Vorfahren wussten, dass die Mischkultur von Gemüse, Blumen und Kräutern die Gesundheit der Pflanzen fördert. Die Ernten fallen höher aus und das Auge profitiert obendrein. So hält der Lavendel den Rosen die Blattläuse vom Leibe und Studentenblumen vertreiben schädliche Wurzelnematoden aus dem Boden.

Bunt ist Trumpf

Klotzen statt kleckern lautet denn die Devise nicht nur in puncto Pflanzenvielfalt auf kleinem Raum und Erntemengen, sondern auch im Umgang mit Farben. Ein Bauerngarten ist nichts für Puristen. Man darf kein Kind von Traurigkeit sein, wenn man sich an dem heiteren Kunterbunt erfreuen will. Hier strahlen gelbe, weiße, rosa- und orangefarbene, rote und blaue Blüten durcheinander pure Lebenslust aus. Doch nicht nur die Optik ist opulent. Rosen, Kräuter und Duftpflanzen, wie der bezaubernde Goldlack, verwöhnen auch die Nase. Übrigens sind nicht nur die Kohl- und Salatköpfe zum Ernten da. Bauerngartenbeete wurden auch immer als Quelle herrlicher Schnittblumensträuße betrachtet und genutzt.

Ein kurzer Lebenszyklus und schneller Kulturwechsel prägt den Bauerngarten. Die Gemüsekulturen werden angebaut, um schnell geerntet zu werden. Die Kulturflächen müssen wechseln, denn viele Arten gedeihen nicht hintereinander auf dem selben Platz. Entsprechend müssen auch die Zierpflanzen kurzlebig sein, um den ständigen Umzügen gewachsen zu sein. Ein- und Zweijährige gehören deshalb zur typischen Ausstattung. Außerdem passen sie auch von ihren Ansprüchen her gut zu den Nutzpflanzen. Hochleistung ist angesagt, bei den Zierpflanzen in Form von Dauerblüte.

Reichliche Düngergaben bilden die Voraussetzung für üppiges Gedeihen der Pflanzen. In jedem Spätwinter verteilt man am besten eine Schicht Kompost auf den Beeten und ebenso bei jedem Kulturwechsel. Nur die Kräuter hält man etwas knapper. Sie entfalten umso mehr Aroma, je sonniger und karger sie stehen. Zum Saisonstart gelegentlich in den

Diese Pflanzen brauchen Sie:

1 50 x Einfassungsbuchs (*Buxus sempervirens*), 15–30 cm,

2 1 x Hochstammrose, (z. B. 'Sommerwind'), 100–120 cm, öfterblühend, rosa

3 4 x Lavendel (*Lavendula angustifolia*), 25–40 cm, VII, blauviolett

4 4 x Thymian (*Thymus vulgaris*), 20–40 cm, V-IX, rosalila

5 1 x Zitronenthymian (*Thymus* x *citriodorus*), 15–30 cm, VII-IX, rosalila

6 15 x Zinnie (*Zinnia elegans*-Mischung), 30–100 cm, VII-X, rosa, rot, orange, gelb

7 4 x verschiedene Gemüse-, Salat- und Kräuterkulturen

8 3 x Sonnenblume (*Helianthus annuus*), bis 250 cm, VII-X, gelb

9 4 x Sonnenhut (*Rudbeckia hirta*), 40–80 cm, VII–IX, gelb

10 6 x Kosmee (*Cosmos bipinnatus*), 50–110 cm, *VI–X, rosa, weiß*

11 7 x Bartfaden (*Penstemon*-Hybriden), 50–90 cm, VI-X, rosa, rot

12 3 x Stockrose (*Alcea rosea*), 160–220 cm, VII–IX, gelb, rosa

13 15 x Bartnelke (*Dianthus barbatus*), 50–60 cm, V–VIII, rot, rosa, zweifarbig

14 4 x Goldlack (*Erysimum cheiri*), 25–60 cm, IV–VI, rot, orange, gelb

15 20 x Löwenmaul (*Antirrhinum majus* Sortenmischung), 20–100 cm, VI–IX, gelb, orange, rosa, rot

16 5 x Dahlie (*Dahlia*-Hybriden in Sorten), 30–160 cm, VII–X, rot, rosa, orange, gelb, weiß

17 20 x Studentenblume (*Tagetes*-Hybriden), 15–40 cm, VI–X, orange, gelb

Eine Buchseinfassung und Beete mit geometrischem Grundriss, in denen Nutzpflanzen und Sommerblumen nebeneinander wachsen, prägen typische Bauerngartenanlagen.

Beeten Unkraut jäten. Im Juni/Juli darf man die Blumen noch einmal nachdüngen. Bei Sommerhitze gehört tägliches Gießen zum Pflegeprogramm, ebenso wie das Entfernen verwelkter Blüten. Die Rose wird einmal jährlich im Spätwinter und der Einfassungsbuchs im Juni in Form geschnitten.

In kühlem Blau und Weiß wirken einjährige Sommerblumen dezent und vornehm. Dieses Beet kommt besonders eindrucksvoll in den Abendstunden zur Geltung.

Diese Pflanzen sind nötig:

1 4 x Azur-Salbei *(Salvia patens)*, 60–80 cm, VII–IX, enzianblau

2 6 x Prachtlobelie *(Lobelia × speciosa* z. B. 'Kompliment Blau'), 60–90 cm, VII–IX, blau

3 5 x Kosmee *(Cosmos bipinnatus* z. B. 'Sonata Weiß')*, 50–110 cm, VI–X, weiß

4 20 x Eisbegonien *(Begonia semperflorens)*, 15–30 cm, V–X, weiß, grün- und dunkellaubig

5 6 x Mignon-Dahlie *(Dahlia*-Hybride z. B. 'Sneezy')*, 20–30 cm, weiß

6 3 x Männertreu *(Lobelia erinus)*, 10–20 cm, VI–IX, blau

7 12 x Mehl-Salbei *(Salvia farinacea)* z. B. 'Viktoria', blau, und 'Strata', weiß), jeweils 50–80 cm, VI–X

8 3 x Kapkörbchen *(Osteospermum ecklonis)*, 30–50 cm, VII–IX, weiß mit blauer Mitte

9 8 x Fleißiges Lieschen *(Impatiens walleriana)*, 10–30 cm, VI–X, weiß mit Auge

Elegantes Instant-Beet

Ganz in Blau und Weiß beschränkt sich dieses Beet auf das kühle Farbspektrum. Die Gesellschaft besteht nur aus Einjährigen und beweist, dass Sommerblumen auch zu vornehm-edlen Kombinationen taugen. Die Beschränkung auf diese zwei Farben sorgt für ein ätherisches Flair an schönen Sommerabenden.

Weiß ist die Blütenfarbe, die auch in der Nacht noch zu sehen ist, da sie jedes winzige Quäntchen Licht reflektiert. Blau leuchtet in der Dämmerstunde am intensivsten und erzeugt eine geradezu magische Tiefe. Die Farbe des Himmels und des Wassers suggeriert Unendlichkeit und lässt dadurch kleine Gärten größer erscheinen. Setzen Sie dieses Beet also

an die Grundstücksgrenze und freuen Sie sich an der Fernwirkung. Durch den hohen Weißanteil wirkt es allerdings auch vor dunklem Hintergrund atemberaubend, etwa einer hohen Eiben- oder Buchshecke oder vor einer dunklen Wand.

Da diese Pflanzengesellschaft ohnehin nur für eine Saison brilliert, können Sie ja auch in jedem Jahr einen anderen sonnigen bis halbschattigen Standort ausprobieren.

Im Frühjahr werden Samen gesät, beziehungsweise fertige Jungpflanzen gekauft und gesetzt. Mischen Sie die Arten zusammen, geben Sie Wasser darauf und - wie bei einem Instant-Getränk - entsteht im Handumdrehen das fertige Ergebnis.

Bei der Farbwahl gilt: Weniger ist oft mehr

Die intensiven Farben, die viele Einjährige an den Tag legen, empfinden manche Gärtner sogar als grell und rümpfen etwas die Nase. Der bäuerliche Charme, der von kunterbunten Beeten ausgeht, liegt nicht jedem und passt auch nicht zu jedem Haus. Viele Sommerblumen gelten daher als schwer kombinierbar und landen schon aus diesem Grunde immer wieder in Beeten, wo sie unter sich bleiben.

Doch damit tut man den üppigen Schönen Unrecht. Der Schlüssel zum Erfolg liegt im Umgang mit intensiven

Hier übernehmen pinkfarbene Zinnien alleine die Rolle des Farbgebers, begleitet werden sie von den grünen Halmen des Lampenputzergrases.

Blaue und violette Farbtöne dominieren das Bild und strahlen Ruhe aus. Deutlich kleinere orangefarbene Tuffs sorgen für Kontrast.

und leuchtkräftigen Farben einfach in der Kunst der Beschränkung.

Intensive Töne, wie das Orange der Ringelblumen oder Tagetes, sollten in Kombinationen sparsam und wohl dosiert eingesetzt werden. Einzelne kleine Tuffs davon zwischen anderen Farben wirken sehr belebend und aufheiternd. Große Flächen wirken dagegen schnell zu aufdringlich.

Vor allem aber sollte man mit unterschiedlichen Farben und starken Kontrasten sparsam umgehen. Orange in Kombination mit Gelb- und Kupfertönen kann stimmungsvolle Sonnenuntergangsbilder ergeben. Die Kombination von Orange- und Blautönen erzeugt herrlich leuchtende Szenerien. Würden sich aber dann noch Rosa, Rot und Violett dazugesellen, wird das Bild zu unruhig und das fehlende Farbkonzept lässt einfach keine rechte Harmonie aufkommen.

Blaues Leberbalsam und violette Vanilleblumen harmonieren Ton-in-Ton und dämpfen die feurigen Orange- und Rottöne, die in gemischten Rabatten nicht immer leicht zu kombinieren sind.

Häufig wird übersehen, dass es unter den Sommerblumen zahlreiche blaublütige gibt, die sich für elegante Kombinationen anbieten. Kornblumen, Männertreu, Jungfer-im-Grünen, Leberbalsam, Mehl-Salbei, Sommeraster oder Einjähriger Rittersporn ziehen herrlich kühle Bänder durch Beete und Rabatten. Mit der kletternden Prunkwinde lassen sich blaue Blütenvorhänge an Sichtschutzwände oder Obelisken weben. Vergesellschaftet man sie mit weißen Partnern, erzielt man ein geradezu festliches Flair. So viel Noblesse empfiehlt sich dann sogar als würdiger Hofstaat für Rosen und straft alle Lügen, die ihre Majestät nicht gern im Kreise bäuerlicher Schönheiten sehen. Wie gut, dass es viele einjährige Arten in weißen Varianten gibt, etwa das Schmuckkörbchen, Bechermalven, Levkojen oder Jungfer-im-Grünen.

Die Vielfalt der Rosa-Nuancen lädt zu fein abgestimmten Ton-in-Ton-Pflanzungen ein. Pastellrosa, Rosé, Bonbonfarben, Pink, Magenta, Karmin, alles Spielarten einer Farbe, und dazu Violetttöne ergeben meisterliche Kompositionen.

Gezielte Farbkombinationen mit Einjährigen werden allerdings oft dadurch erschwert, das einige Arten wie beispielsweise Duftwicken, Löwenmäulchen oder Levkojen im Fachhandel oft nur als mehrfarbiger Sortenmix angeboten werden.

EXTRA: Aussaat, Einkauf, Pflege

Damit der Samen aufgeht, bereitet man den Boden gut vor. Vor der Direktaussaat ins Freilandbeet lockert man den Untergrund mit Spaten oder Grabegabel gut auf. Ziehen Sie anschließend die Erdoberfläche gleichmäßig glatt. Darauf werden nun die Samen breitwürfig verteilt. Sommerblumen sollte man nicht in Reihen aussäen, das wirkt später statisch und künstlich. Eine Ausnahme bilden natürlich Beeteinfassungen, die als klare Linie die Beetgrenzen betonen. Der optimale Saatzeitpunkt variiert leicht von Art zu Art. Genaue Angaben dazu liefern die Samentütchen. Decken Sie die Saat mit einer dünnen Erdschicht ab und wässern Sie das Beet vorsichtig mit einem feinen Brausekopf, damit die Saat nicht wegschwimmt. In den folgenden Wochen gleichmäßig feucht halten. Nach dem Keimen die Pflänzchen vereinzeln und zu dicht stehende entfernen.

Die Vorkultur kälteempfindlicher Arten im Haus beginnt ab Ende Februar oder im März. Am besten sät man in flache Anzuchtschalen oder Mini-Gewächshäuser aus. Aussaaterde ist für diesen ersten Schritt das beste Substrat. Feuchten Sie es gut an, verteilen Sie die Samen gleichmäßig darauf und drücken Sie sie leicht an. Auch hier wird mit einer dünnen Schicht Erde abgedeckt. Mit einer Plastikhaube oder einer Folienabdeckung sorgt man für hohe Luftfeuchtigkeit. Ein warmer Platz am Fenster bringt die Saat bald zum Keimen. Achten Sie in den Folgewochen auf ein gleichbleibend feuchtes Substrat. Sobald die Sämlinge nach den Keimblättern die ersten richtigen Laubblätter treiben, vereinzelt man die Pflänzchen in kleine Töpfe mit Blumenerde und hält sie zunächst weiter im Haus. Nach einiger Zeit darf man sie tagsüber langsam auf der Terrasse an Frischluft gewöhnen. Ausgepflanzt werden sie jedoch erst nach den Eisheiligen Mitte Mai.

Wer weder Platz noch Zeit für die Vorkultur im Haus hat, kauft vorgezogene Jungpflanzen in der Gärtnerei. Gute Qualität erkennt man an einem reich durchwurzelten Ballen, guter Verzweigung und zahlreichen Knospen zwischen den Blättern.

Viel Energie – viel Leistung

Am Input darf bei Sommerblumen nicht gespart werden. Damit die Marathonblüher volle Leistung zeigen, brauchen sie viel Sonne, nahrhaften Boden und eine gute Wasserversorgung. Humose Erde ist eine Grundvoraussetzung. Zusätzlich darf man Anfang Juni den Hauptwachstumsschub und die ersten Blüten mit einer Volldüngergabe unterstützen. In sonnigen Perioden regelmäßig gießen.

Verwelkte Blüten stets abknipsen. Bei einigen Arten wie der Jungfer-im-Grünen lässt man die letzten der Saison jedoch ausreifen, denn sie entwickeln sich zu ausgesprochen dekorativen Fruchtständen.

SO GEHT'S   einfach & schnell

❀ Einjährige Sommerblumen durchlaufen ihren gesamten Lebenszyklus vom Keimen, Blühen und Fruchten bis zum Absterben innerhalb einer Saison.

❀ Zur Gruppe der Sommerblumen zählt man außerdem nicht winterharte Exoten aus dem Beet- und Balkonblumensortiment, die bei uns wie Einjährige behandelt werden, sowie die kleine Gruppe der zweijährigen Pflanzen.

❀ Sehr intensive, leuchtkräftige Farben machen die Kombination im Beet nicht immer leicht. Die Kunst liegt in der Beschränkung: besser wenige Farben und nicht zu viele Kontraste.

❀ Einige Sommerblumen kann man direkt ins Freiland säen, andere brauchen eine Vorkultur am warmen Fensterbrett.

❀ Sommerblumen gehören zu den Hochleistungsblühern. Damit sie mit üppiger Dauerblüte erfreuen, brauchen sie einen sonnigen Standort, nährstoffreichen Boden und eine gute Wasserversorgung.

Gehölze zieren und strukturieren

Bäume und Sträucher machen aus der Gartenfläche einen Raum

Hohe Gehölze dominieren den Garten. Ihre Größe und ihr Volumen prägen das Bild. Sie sind rund um das Jahr präsent. Im Sommer werfen Baumkronen willkommenen Schatten. Im Winter sind besonders immergrüne Kronen die einzige Abwechslung für das Auge in der sonst kahlen Natur. Mit ihrer Höhe erschließen sie die dritte Dimension und verwandeln die Gartenfläche erst in einen Raum. Das Grundgerüst aus Bäumen und hohen Sträuchern bildet den Rahmen des Gartens. Hecken gewähren Sichtschutz und setzen Grenzen. Büsche verhindern zu viel Einblick und legen Sichtachsen fest. Sie brechen Wind und Lärm und machen das Leben im Garten angenehmer, geschützte Ecken entstehen mit günstigem Kleinklima.

Neben der Rolle des Strukturgebers erfüllen Gehölze aber auch noch andere gestalterische Funktionen. Nadelgehölze und Immergrüne bilden dunkle Kulissen, vor denen farbenfrohe Beete erst richtig aufleuchten. Panaschierte Blätter beleben langweilige Ecken oder hellen den Schatten auf. Dekorativer Fruchtschmuck setzt Farbtupfer in den Garten und lockt allerlei Vögel und andere Tieren an. Igel beispielsweise fühlen sich im dichten, bodennahen Geäst sehr wohl.

Zu den spektakulärsten Rollen der Bäume und Sträucher gehört natürlich der feurige Auftritt im Herbst. Wenn es in den Beeten langsam kahl wird und die letzten Staudenblüten den Nachtfrösten zum Opfer fallen, zelebrieren herbstfärbende Gehölze ihre konkurrenzlose, farbenprächtige Schau.

Blütenschmuck im XXL-Format

Und last but not least pflanzt man Ziergehölze natürlich auch ihrer Blüten wegen. Was wäre ein Mai ohne Flieder und ein Sommer ohne Rosen? Gerade zum Saisonstart, wenn die Stauden erst austreiben und die Sommerblumen erst keimen müssen, spielen Gehölzblüten eine wichtige Rolle. Zaubernuss, Forsythien und Kornelkirschen künden vom nahenden Frühling. Zierkirschen und Stern-Magnolie blühen auf an kahlen Zweigen, noch ehe die ersten Blätter treiben. Dadurch wirkt ihre Blüte besonders fragil. Mit einem Teppich aus frühblühenden Zwiebelblumen unterlegt, ergeben sie ganz zauberhafte Frühlingsbilder.

Goldregen, Rhododendron, Bauern-Jasmin, Kolkwitzien und andere beliebte Blütensträucher begleiten den Frühsommer. Und selbst im Hochsommer und Frühherbst, wenn die meisten Gehölzarten schon mit Früchten geschmückt sind, trumpfen einige noch mit auffälligem Blütenschmuck auf. Die riesigen Teller und Bälle der Hortensien verschönern dann den Garten, die straff aufrechten Triebe der Schmetterlingssträucher mit ihren langen, farbigen Rispen am Ende, und die Tamarisken mit ihren fedrigen Wedeln gesellen sich dazu.

Als Solisten werden vor allem größere Gehölze gerne eingesetzt, etwa an exponierter Stelle im Rasen oder am Grundstücksrand. Eine Position, die sie zwar spielend ausfüllen, aber optisch gefälliger wirkt es, wenn man Bäume und Sträucher durch entsprechende Begleiter in die Gesamtgestaltung einbezieht. So verleiht ein Beet aus Blattschmuckstauden einer Baumscheibe etwas Waldatmosphäre, Frühlingsblüher dem Heckenrand Farbe, und erst eine Gruppe niedriger Sträucher wirkt als guter Bodendecker. Begleiter können dabei gezielte Blütengegenpole bilden oder zum gemeinsamen Höhepunkt beitragen.

◀ Der Japanische Blumen-Hartriegel schmückt sich im Mai über und über mit »Blüten«. Die weiße Pracht besteht jedoch »nur« aus Hochblättern, die eigentlichen Blüten sind unscheinbar. Das bunte Staudenbeet darunter bindet den Baum in den Garten ein.

Pflegeleichtes Mauerbeet

Ziergehölze unter sich – dieses erhöhte, von einer Steinmauer gestützte Beet wird nur von Sträuchern verschiedener Höhe begrünt. Dennoch blüht es hier das ganze Jahr über. Der Blasenstrauch schmückt sich von Mai bis Oktober durchgehend mit gelben Blüten und bildet gleichzeitig seine ausgefallenen, papierartigen Blasenfrüchte aus. Im Frühjahr wird er in seiner Schmuckwirkung vom Ginster und der Borstenakazie begleitet. Beide tragen purpurnen Flor. Im Sommer rücken die Schmetterlingssträucher mit ihren lang gestreckten Blütenrispen in Blau und Weiß optisch in den Vordergrund sowie die beiden Perovskien mit ihren filigranen lilablauen Blüten über silbrigem Laub. Den Saisonausklang färbt dann der Buschklee rosarot.

Die Vorderkante der Mauer wird von den überhängenden Trieben des Ginsters und des Buschklees dekorativ überwallt und verliert dadurch ihre Strenge. Diese horizontale Wuchsform konterkarieren die beiden dazwischen platzierten Perovskien mit ihren straff aufrechten Trieben. Die höchsten Sträucher stehen in der hintersten Reihe und setzen die konsequente Höhenstaffelung fort.

Der Standort vor der Hauswand ist sonnig und windgeschützt. Die Bodenverhältnisse in diesem Gebäudewinkel eher trocken. Doch die verwendeten Gehölzarten kommen damit prima zurecht. Sie bevorzugen sogar leichte, durchlässige Erde und gelten als anspruchslose und pflegeleichte Vertreter. Wo schwerer Boden ansteht, sollte man ihn vor der Pflanzung dieses Beetes zu einem Viertel mit Sand vermischen.

Schere einsetzen

Regelmäßige Arbeiten fallen nur wenige an. Sind die Gehölze erst einmal eingewachsen, kann man sie weitgehend sich selbst überlassen. Sollte das Beet allerdings im Regenschatten der Hauswand stehen oder gar unter einem Dachüberstand, muss trotz der trockenheitsverträglichen Arten natürlich hin und wieder gegossen werden.

Perovskie und Buschklee frieren im Winter häufig etwas zurück. Das schadet ihnen aber nicht. Stutzen Sie sie im zeitigen Frühjahr einfach bis ins gesunde Holz zurück. Diesen Schnitt sollte man ohnehin auch ohne Frostschäden durchführen, denn so bleiben die Pflanzen kompakt und blühfreudig. Auch die Schmetterlingsträucher reduziert man jedes Jahr um zwei Drittel ihrer Trieblänge. So setzen sie viel frisches Blütenholz an. Blasenstrauch, Ginster und Borstenakazie brauchen nur alle zwei bis drei Jahre etwas ausgelichtet zu werden. Dabei entfernt man überaltertes oder beschädigtes Holz und zu eng stehende Triebe.

Als Pflanzzeit für die Anlage des Beetes empfiehlt sich das Frühjahr. So können die als Jungpflanzen etwas frostempfindlichen Perovskien gut einwurzeln, ehe sie den ersten Winter erleben. Arbeiten Sie sich beim Pflanzen von hinten nach vorne vor. Graben Sie die Pflanzlöcher etwa um die Hälfte tiefer und breiter aus, als der Wurzelballen groß ist. Setzt man die Exemplare auf Lücke, also die vorderen vor die Zwischenräume der hinteren, entsteht ein geschlossenes Gesamtbild.

Diese Pflanzen brauchen Sie:

1 2 x Borstenakazie (*Robinia hispida* 'Macrophylla'), 150–250 cm, VI, lilarosa

2 1 x Schmetterlingsstrauch (*Buddleja davidii*-Hybride z. B. 'Peace'), 200–300 cm, VII–X, weiß

3 1 x Schmetterlingsstrauch (*Buddleja davidii*-Hybride z. B. 'African Queen'), 200–300 cm, VII–X, dunkelviolett

4 1 x Blasenstrauch (*Colutea arborescens*), 100–300 cm, V–X, gelb, dekorative, blasenartige Früchte

5 2 x Blauraute (*Perovskia abrotanoides*), 50–100 cm, VII–X, lilablau

6 2 x Buschklee (*Lespedeza thunbergii*), 100–200 cm, IX–X, purpurrosa

7 1 x Purpur-Ginster (*Cytisus purpureus*), 40–60 cm, V–VI, purpurrosa

Blüten für eine ganze Saison und dennoch wenig Arbeit verspricht diese Gesellschaft aus Ziergehölzen. Alle Arten kommen mit dem trockenen Mauerstandort gut klar.

Sommer im Baumschatten

Waldgräser und Schattenstauden beleben den Platz unter der hohen Baumkrone. Im Sommer dringt hier nur stark gefiltertes Licht bis zum Boden vor. Das Blätterdach verdunstet viel Wasser und kühlt den Standort darunter. Diese Atmosphäre ist gerade richtig für die »lichtscheue« Gesellschaft, die sich um den Stammfuß schart und dem Baum einen dekorativen Rahmen gibt. Unter frühblühenden Baumarten wie Magnolie, Zaubernuss oder Zierapfel würde dieses Beet einen zweiten Blütenhöhepunkt setzen. Ab Juli bringen Astilben und Silberkerzen Farbe ins Spiel. Wald-Astern und Japan-Anemonen folgen und blühen bis in den Herbst hinein. Die duftigen Samenstände der Gräser plustern das

Die Unterpflanzung hat ihren Blütenhöhepunkt im Hochsommer und Herbst. Unter einem frühlingsblühenden Baum setzt sie ein zweites Schmuck-Highlight.

Auch kleine Baumkronen mit Reihenhausgartenformat lassen sich dekorativ unter-
pflanzen: Eine Rote Sommer-Spiere »kugelt« mit der Krone um die Wette.

Der richtige Maßstab

Ein Hausbaum gehörte früher in jeden Garten, und der Platz unter der Krone war nicht selten im Sommer der Lieblingsplatz der ganzen Familie. Hier gab es kühlenden Schatten, das Rascheln der Blätter und angenehm feuchte Luft. Wo könnte man besser entspannen?

Doch die Gärten sind kleiner geworden, und Linde, Kastanie, Berg-Ahorn & Co., die klassischen Hausbäume vergangener Zeiten, finden darin keinen Platz mehr. Doch das ist noch lange kein Grund, auf Bäume zu verzichten. Es gibt eine ganze Reihe von reihenhaustauglichen Arten. Rot-Ahorn, Parrotie oder Weidenblättrige Birne zum Beispiel sprengen mit Höhen von fünf bis sechs Metern den Rahmen nicht. Auch Großsträucher können als Kleinbäume gezogen werden und stellen oft eine gute Alternative dar. Goldregen, Felsenbirne oder Aralie entfalten mehrstämmig hübsche, schirmförmige Kronen.

Wie Bäume im Miniaturformat wirken Kugelbäumchen. Kugel-Ahorn oder Kugel-Esche behalten auch ohne Schnitt ihre Figur. Oft ist zwar Platz im Beet, aber der »Luftraum« ist begrenzt, etwa weil die Hauswand zu nah oder der Durchgang zu schmal ist. Dann bieten schlanke Säulenformen einen Ausweg aus dem Dilemma, etwa Säulen-Kirsche oder Säulen-Eberesche. Nur einen Fehler sollte man nie begehen: Glauben, dass man große Bäume mit der Schere klein halten kann!

Ganze auf und sorgen für etwas Transparenz und Beschwingtheit. Die immergrünen Blätter der Bergenien und der Schatten-Seggen untermalen die Baumblüte im Frühling, ohne zu sehr von der Blütenpracht der Krone zu dieser Zeit abzulenken – obwohl rosa blühende Bergenien unter einer ebenfalls rosa blühenden Magnolie durchaus eine reizvolle Ergänzung abgeben könnten.

Die stattlichen Silberkerzen erfordern natürlich eine entsprechende lichte Höhe unter der Krone. Als Unterpflanzung für Kleinbäume eignet sie sich wenig. Ihre dichten Horste bestehen aus gefiederten, dunklen Blättern. Sie werden weit von den Blütenrispen überragt, die auf langen Stielen stehen und allein bis zu 60 Zentimter lang werden können. Leider sind sie nicht immer ganz standfest, sehen aber auch bogig überhängend bezaubernd aus.

Die Blütenstauden dieser Pflanzung muss man in Trockenperioden unbedingt gut gießen. Der Boden darf nie ganz austrocknen. Eine regelmäßige, jährliche Düngung im Frühjahr sorgt für kräftige Pflanzen.

Es lebe der Wonnemonat Mai!

Alles auf eine Karte setzt diese Baumscheibe, die ihren Hauptdarsteller, den Zier-Apfel, während seiner Blütezeit im Mai unterstützt und gemeinsam zu Hochform aufläuft. Die duftigen, gefüllten Schalen des Apfels geben den Grundton Rosa vor. Das Fußvolk webt einen zart-romantischen Teppich dazu, in Weiß, Rosa und Lilablau - der Wonnemonat von seiner schönsten Seite.

Das Bäumchen wächst einem mit rund vier Metern Endhöhe nicht über Kopf und fügt sich daher auch gut in kleine Gärten. Der Schattenwurf der kleinen Krone bleibt auch im Rahmen. Der Platz darunter liegt meist im lichten Schatten und bietet typischen Gehölzrandpflanzen die passenden Bedingungen. Der Boden ist hier eher trocken als feucht.

Unmittelbar in Stammnähe bildet die Schnee-Marbel einen Ring mit ihren rasenartigen Horsten. Das Gras verträgt den starken Wurzeldruck hoher Bäume recht gut und behauptet sich als durchsetzungsfähiger Bodendecker. Seine schmalen Halme tragen die für alle Marbeln typische grauweiße Behaarung der Blattränder. Die sehr lange Blüte rundet die vielen Vorzüge ab. Allerdings versamen sich die Pflanzen dadurch mitunter sehr stark. Wie der Günsel und die Bergenien ist es wintergrün, und die drei halten die Stellung in der kalten Jahreszeit.

Die Maiglöckchen ziehen zwar schon im Laufe des Sommers ein, dafür hüllen sie die ganze Pflanzung im Mai in ihren herrlichen Duft. Alle verwendeten Pflanzen neigen dazu sich auszubreiten. Deshalb muss man alle paar Jahre erneut Grenzen ziehen und Ausläufer abstechen.

Diese Pflanzen brauchen Sie:

1 1 x Zier-Apfel *(Malus*-Hybride 'Van Esseltine'), bis 4 m, V, rosa, gefüllt

2 8 x Bergenie *(Bergenia*-Hybride, z. B. 'Baby Doll'), 20–30 cm, IV–V, babyrosa

3 20 x Günsel *(Ajuga reptans)*, 15 cm, V–VI, lilablau

4 6 x Maiglöckchen *(Convallaria majalis)*, 15–25 cm, V–VI, weiß

5 8 x Bergenie *(Bergenia*-Hybride, z. B. 'Schneekönigin'), 20–30 cm, IV–V, weißrosa, im Verblühen dunkler

6 8 x Schnee-Marbel *(Luzula nivea)*, 30–40 cm, V–VII, weiß

Der Zier-Apfel und die teppichartige Unterpflanzung kommen gleichzeitig zur Blüte. Die romantische Ausstrahlung wird durch die Farbgebung unterstrichen.

EXTRA: Gehölze pflanzen

Die besten Pflanzzeiten für Bäume und Sträucher sind der Herbst und das Frühjahr. Laub abwerfende Gehölze versetzt man nur während der Vegetationsruhe, also nach dem Laubfall im Oktober/November, oder im Februar/März vor dem Neuaustrieb. Während dieser Zeit werden sie oft wurzelnackt angeboten, ohne Erdballen. Das ist in der Regel die preisgünstigste Variante. Nadelgehölze und Immergrüne werden grundsätzlich mit Ballen gehandelt. Man pflanzt sie schon im September, damit sie bis zum Frosteinbruch noch Wurzeln bilden können. Schließlich verdunsten sie auch im Winter Wasser. Oft bieten Baumschulen vor allem ältere Exemplare auch in Containern an. Diese Pflanzen kann man jederzeit setzen.

In jedem Fall ist eine ausreichend große Pflanzgrube auszuheben, deren Ränder und Boden gut aufgelockert werden. Pflanze hineinhalten und den Aushub anfüllen. Bei anspruchsvollen Gehölzen bessert man die Erde mit Kompost auf. Bei Arten mit besonderen Ansprüchen wie Rhododendron, der sauren Boden braucht (siehe S. 65), entfernt man den Aushub und füllt das Pflanzloch mit Spezialerde.

Im ersten Standjahr die Gehölze reichlich gießen. Später brauchen sie relativ wenig Pflege. Alle paar Jahre verbessert ein Schnitt allerdings bei vielen Arten die Blühwilligkeit.

SO GEHT'S   **einfach & schnell**

❀ Bäume und Sträucher bilden den Rahmen und das Gerüst des Gartens. Durch ihre Größe wirken sie als Raumbildner. Sie gewähren Sicht-, Wind- und Lärmschutz.

❀ Gehölze übernehmen aber nicht nur funktionelle Aufgaben, sondern überzeugen auch als dekorative Elemente. Auffällige Blüten und spektakuläre Herbstfärbung rücken sie zu bestimmten Zeiten in den Mittelpunkt.

❀ Erst ein Rahmen aus Begleitpflanzen oder die passende Unterpflanzung bindet Gehölze harmonisch in den Garten ein.

❀ Baum- und Gartengröße sollten gut aufeinander abgestimmt sein. Zu hohe Arten lassen sich nicht mit der Schere kleinhalten.

Rhododendren bereichern schattige Gartenpartien mit ihrer prächtigen Frühsommerblüte. Von wenigen Ausnahmen abgesehen, müssen sie in saure Erde gepflanzt werden.

Blumenbeete anlegen und pflegen

Pflanzenauswahl und Anordnung

Die Qual der Wahl plagt jeden Gartenbesitzer, wenn er beginnt sich mit der Gestaltung seiner Grünfläche zu beschäftigen. Beim Bummel durch Gartencenter und Gärtnereien holt man sich Inspirationen, zu Hause angekommen, steht man aber dennoch oft ratlos vor der Fläche und weiß nicht recht, wo beginnen. Planen Sie immer vom Großen ins Kleine. Das heißt, zunächst steht die Gesamtanlage im Vordergrund. Der Garten soll zum Haus passen. Einem spitzgiebeligen Landhäuschen mit Sprossenfenstern und Jägerzaun steht ein stilechter Bauerngarten gut zu Gesicht. Vor einer modernen Glasfront mit Metallprofilen wirkt er völlig deplatziert. Hier würde sich die Fortsetzung der klaren Architektur in der Gartenanlage anbieten, etwa durch gerade Sichtachsen, geometrische Formen und Formschnittgehölze. Doch erlaubt ist, was gefällt. Die Festlegung auf eine Grundidee ist jedoch stets sehr hilfreich.

Drifts bringen Dynamik

Gehölze zuerst, lautet dann die Devise. Sie geben den Rahmen und das Grundgerüst des Gartens vor. Die Beete sind dann die Kür. Bleiben Sie bei der Auswahl der Stauden und Beetblumen wiederum Ihrer Grundidee treu und wählen Sie danach zunächst die Leitpflanzen, dann die Begleit- und Füllpflanzen aus (siehe S. 46/47 und 52).

Die Farbzusammenstellung beeinflusst ganz maßgeblich die spätere Ausstrahlung. Starke Kontraste beleben, machen die Farben leuchtkräftiger. Farbverläufe, etwa von rosa über violett zu blau, wirken sanfter und ruhiger (siehe S. 116-118). Doch wie ordnet man die einzelnen Arten an?

Vermeiden Sie das statische Aufreihen der ausgewählten Arten und verzichten Sie auf ein Sammelsurium aus möglichst vielen Einzelexemplaren. Profis legen Beete in sogenannten Drifts an. Das sind geschwungene, schmale, längliche Pflanzenbänder, die aus mehreren Exemplaren einer Art bestehen. Sie verlaufen parallel zum Beetrand. So wirken sie von vorne wie ein breiter Schleier, von der Seite dagegen wie ein schmaler Akzent. Die Drifts aus verschiedenen Arten werden sanft ineinander verschlungen und wiederholen sich an verschiedenen Stellen des Beetes. Diese Wiederholungen, am besten in unterschiedlichen Gruppengrößen, halten das Beet optisch zusammen und geben dem Ganzen Rhythmus und Dynamik.

Die Anordnung in sich wiederholenden Pflanzenbändern aus mehreren Exemplaren einer Art, den so genannten Drifts, sorgt für Harmonie.

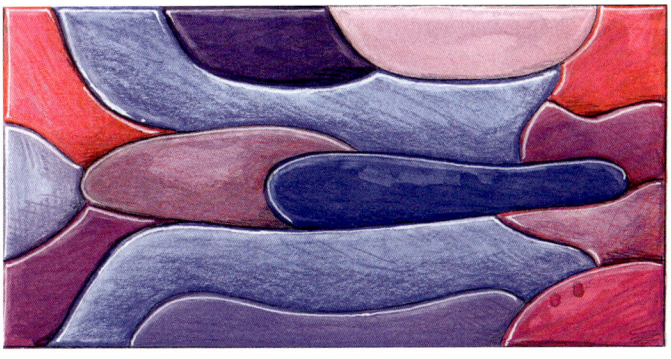

◄ Gärtnereien und Gartencenter bieten eine Fülle von Pflanzen an. Doch vor dem Kauf sollte man sich bereits auf eine Grundidee für die Garten- und Beetgestaltung festgelegt haben, damit ein harmonisches Gesamtbild entsteht.

Pflanzen- & Bodenqualität

Der Pflanzeneinkauf ist nicht schwierig. Das Angebot im Fachhandel ist riesig. In Gartencentern findet man in der Regel ein umfangreiches Standardsortiment zu attraktiven Preisen. Wer bestimmte Sorten oder Pflanzenraritäten sucht, wendet sich besser an Gärtnereien. Dort erhält man auch ausführliche fachliche Beratung und kann sich zudem oft in Schaugärten gestalterisch inspirieren lassen. Viele Betriebe mit Spezialsortiment bieten ihre Ware auch über Katalog oder Online-Shop an und schicken sie per Versand an die Haustür. Ein bequemer und praktischer Weg einzukaufen. Die Pflanzen werden so verpackt, dass ihnen der Transport nicht schadet.

Bäume, Sträucher und verholzende Kletterpflanzen bekommt man in Baumschulen. Rosen gehören zwar auch zu den Gehölzen, werden aber meist in Spezialbetrieben gehandelt. Das Gleiche gilt ebenso für Wasserpflanzen.

Werfen Sie beim Einkauf einen Blick auf die Pflanzenbasis. Zwischen den Stängeln sieht man bei kräftigen Exemplaren viele Knospen und junge Triebspitzen hervorschauen.

So erkennt man kräftige Pflanzware

Um zu beurteilen, ob eine angebotene Pflanze gesund und vital ist, topft man sie am besten aus und sieht sich die Wurzeln an. Kräftige Staudenpflanzen weisen viele helle Faserwurzeln und Wurzelspitzen auf. Diese Organe brauchen sie, um später im Beet gut einzuwachsen und reichlich auszutreiben. Sollten bereits einige dieser Faserwurzeln durch die Löcher im Topfboden herausgewachsen sein, schadet das nicht. Es sollten sich aber noch keine langen Matten gebildet haben. Lassen Sie auch Exemplare im Regal stehen, deren Wurzeln im Topf bereits einen ringförmigen Drehwuchs aufweisen. Sie kümmern später lange Zeit im Beet. Der Erdballen sollte in jedem Fall fest und gut durchwurzelt sein und beim Herausnehmen nicht auseinanderfallen. Das gilt auch für Gehölze, die mit Ballen oder im Container verkauft werden (siehe dazu auch S. 127). Bei wurzelnackten Gehölzen sollten die Wurzeln kräftig und unverletzt sein und beim Anschneiden einen saftigen, weißen Querschnitt zeigen. Die Triebe dürfen noch nicht austreiben.

Die Vitalität einer Staude zeigt sich auch an der Pflanzenbasis. Spreizen Sie die Blätter etwas auseinander, um zwischen die Stängel zu sehen. Viele Knospen und frische Triebspitzen deuten auf eine gesunde und kräftige Jungpflanze hin.

Bei vitalen, gesunden Pflanzen hält der Ballen beim Austopfen zusammen. Er ist gut durchwurzelt und weist viele Faserwurzeln und helle Wurzelspitzen auf.

Auf guten Grund bauen

Üppige Pflanzen entwickeln sich nur, wenn die Ernährung stimmt. Die Ansprüche der einzelnen Arten fallen da sehr unterschiedlich aus. Es gibt Asketen und Heißhungrige, deshalb sollte man vor der Pflanzung wissen, was der Gartenboden hergibt.

Es lohnt sich, vor der Neuanlage eines Beetes eine Bodenanalyse machen zu lassen. Auch auf eingewachsenen Rabatten empfiehlt es sich, alle paar Jahre den aktuellen Nährstoff-Status zu überprüfen. Bodenuntersuchungsinstitute prüfen eingesandte Bodenproben auf den Bodentyp, auf alle relevanten Pflanzennährstoffe

sowie den pH-Wert. Mit den Ergebnissen erhalten Hobbygärtner in der Regel auch gleich passende Düngeempfehlungen für die vorgesehene Bepflanzung.

Um eine repräsentative Erdprobe zu entnehmen, sticht man an mehreren Stellen des Beetes mit dem Spaten 25 Zentimeter tief in den Boden ein. Dann streift man mit der Handschaufel über die gesamte Spatenlänge etwas Erde ab. Diese Einzelproben mischt man dann zusammen, füllt sie in einen Plastikbeutel ab und schickt diesen ein. Möchte man ein Rosenbeet anlegen, stellt man auf die gleiche Weise noch

eine Probe des Unterbodens (25 bis 50 cm Tiefe) her.

Je nach Bodentyp können vor der Pflanzung noch einige Verbesserungsmaßnahmen durchgeführt werden (siehe auch S. 25), um den Pflanzen bessere Startbedingungen zu geben. Nutzen Sie die Gelegenheit. Es ist nie mehr so einfach wie jetzt. Ist das Beet erst einmal eingewachsen, schränkt das die Bodenpflege stark ein. Selbst wenn gute Bodenbedingungen vorliegen, sollte man die Beetfläche durch verschiedene Maßnahmen gründlich vorbereiten (siehe nachfolgender Kasten).

Beete vor der Pflanzung richtig vorbereiten

Für die meisten Staudenkulturen sowie für Rosenbeete empfiehlt es sich, nun reichlich Kompost in die obersten 30 Zentimeter Erde einzuarbeiten sowie einen organischen Langzeitdünger, z. B. Hornspäne. Das verbessert die Bodeneigenschaften und die Nährstoffsituation. Anschließend die Beetoberfläche gleichmäßig glattziehen.

Eine gute Bodenvorbereitung sorgt dafür, dass Jungpflanzen gut einwurzeln und zu Saisonbeginn schnell aus den Startlöchern kommen. Lockern Sie dazu die Pflanzfläche ein bis zwei Spaten tief gut auf. Entfernen Sie bei diesem Arbeitsgang eventuell vorhandene Steine und alle vorhandenen Unkräuter samt Wurzeln aus der Erde.

Der Pflanzplan wird vom Papier auf den Boden übertragen. Die einzelnen Pflanzflächen markiert man mit hellem Sand auf dem Beet. Dann verteilt man die Pflanzen zunächst mit Topf, um die Abstände festzulegen.

So pflanzen Sie Stauden

Ein Pflanzplan auf Papier erleichtert nicht nur die Zusammenstellung der passenden Pflanzen, indem man zunächst mit Schablonen in verschiedenen Farben und Größen die Komposition immer wieder verschieben kann, bis man das Optimum gefunden hat. Auch die Übertragung des geplanten Beetes in den Garten fällt dadurch leichter.

Die besten Pflanzzeiten für Stauden liegen im Herbst und im Frühjahr. Für früh blühende Stauden wie Pfingstrosen ist September/Oktober vorzuziehen. Kälte- und nässeempfindliche Arten, etwa mediterrane Kräuter oder viele Gräser, pflanzt man besser im Frühjahr (März/April). Im sich erwärmenden Boden finden sie bessere Startbedingungen vor. Auch Herbstblüher, wie Japan-Ane-

nonen oder Astern, die ja bis zum Frost in voller Blüte stehen, vertragen die Frühjahrspflanzung besser.

Messen Sie zunächst die Eckpunkte des Beetes auf dem Boden ab und kennzeichnen Sie diese mit Holzpflöcken. Geschwungene Linien markiert man mit einem Gartenschlauch, einer Schnur oder einer Linie hellen Sandes. Den kann man in leere Flaschen abfüllen, so lässt er sich fein dosieren. Auf dieser Grundfläche wird der Boden nun, wie auf Seite 133 beschrieben, vorbereitet.

Auf der geglätteten Oberfläche zeichnen Sie dann mit hellem Sand die Flächen und Drifts ein, die jeweils einer Pflanzenart oder -sorte vorbehalten sind. Verteilen Sie Ihre Jungpflanzen zunächst mit Töpfen auf diesen Flächen. So können die Ab-

stände noch einmal überprüft und nötigenfalls korrigiert werden.

Lassen Sie sich nicht in die Irre führen. Stauden bestehen zu den Pflanzzeiten oft nur aus etwas Wurzelballen und einigen Knospen. Kalkulieren Sie unbedingt die zu erwartende Endgröße ein. Sonst herrscht bald drangvolle Enge, die unnötige Kosten verursacht und schon nach kurzer Zeit Aus- und Umpflanzen erforderlich macht. Zu dichter Stand fördert außerdem bei vielen Arten die Mehltauanfälligkeit. Empfindet man das Beet im ersten Jahr noch als zu kahl, kann man die Lücken ja mit einjährigen Sommerblumen auffüllen. Vermeiden Sie beim Pflanzen unnötiges Hin- und Herlaufen im Beet, das den gelockerten Boden wieder verdichtet. Hilfreich ist ein Holzbrett, das man über die Fläche legt. Es verteilt das Gewicht des Pflanzers.

Ab in die Erde

Vor dem Einsetzen werden die Pflänzchen zunächst durchdringend gewässert. Am besten taucht man die Töpfchen in einem Eimer unter Wasser, bis keine Blasen mehr aufsteigen. Die Ballen vorsichtig austopfen. Soweit vorhanden, beschädigte oder überlange Wurzeln abschneiden. An der Pflanzstelle sticht man mit einer Handschaufel in den Boden und zieht sie zu sich heran. So entsteht das Pflanzloch. Die Stauden einsetzen, Erde anfüllen und mit den Fingern leicht andrücken. Die Pflanzen sollten jetzt genauso stehen wie zuvor im Topf. Die Ballenoberfläche soll mit der Erdoberfläche abschließen, die Pflanzen also nicht höher oder tiefer setzen.

Zuletzt gut angießen. Verwenden Sie dazu am besten eine Gießkanne ohne Brauseaufsatz oder einen dicken Strahl aus dem Gartenschlauch. Denn das Wässern dient nicht nur dem Durst der Pflanzen. Es soll vor allem letzte Hohlräume, die beim Einpflanzen entstanden, zuschwemmen und alle Wurzeln in guten Bodenkontakt bringen.

1 Die Pflanzen vorsichtig austopfen und ein Pflanzloch graben. **2** Den Ballen einsetzen, sodass die Pflanze genauso tief im Boden steht wie zuvor im Topf. Erde anfüllen und mit den Fingern etwas festdrücken. **3** Abschließend mit Gießkanne oder Gartenschlauch gut einschlämmen, damit alle Wurzeln Bodenkontakt bekommen und rasch einwachsen können.

Im Frühjahr zum Austrieb verhilft Kompost oder eine Handvoll organischer Dünger wie Hornspäne den Stauden zu einem guten Start. Den Boden zuvor auflockern.

Gießen, düngen, pflegen

Nach der Pflanzung brauchen die frisch gesetzten Stauden eine gleichmäßige **Wasserversorgung**. Bis sie richtig eingewurzelt sind und sich selbst aus dem Boden versorgen können, muss man anfangs noch öfter zur Gießkanne greifen. Später erweisen sich Stauden als relativ autark. Nur in den heißen Sommermonaten unterstützt man sie während anhaltender Trockenperioden mit zusätzlichen Wassergaben. Wer in dieser Zeit häufig verreist, für den sind automatische Bewässerungssysteme vielleicht eine lohnenswerte Alternative. Eine computergesteuerte Tröpfchenbewässerung muss zwar zunächst mit einigem Aufwand in den Beeten verlegt werden. Sind aber alle Rohre und Schläuche erst mal an ihrem Platz und an die Wasserleitung angeschlossen, arbeitet das System völlig selbstständig. Die Ausflussmenge ist dabei individuell regulierbar.

In jungen Anlagen gibt es noch viel kahlen Boden zwischen den Pflanzen. Eine Mulchschicht reduziert das Auflaufen von Unkräutern und die Wasserverdunstung.

In jedem Frühjahr entfernt man Falllaub und Pflanzenreste aus den Beeten. Vertrocknete und erfrorene Staudenstängel schneidet man, sofern das nicht schon im Herbst geschehen ist, bodennah ab. Lockern Sie dann den Boden mit einer Grabegabel etwas auf. Anschließend verteilt man eine 1–2 Zentimeter hohe Schicht reifen Kompostes auf den Beeten. Das ist eine hervorragende **Startdüngung** für den kräftezehrenden Austrieb und verbessert zudem das Bodenleben und den Humusgehalt. Wer nicht selbst kompostiert, kann sich das »Gold des Gärtners« auch aus kommunalen Großkompostieranlagen holen. Die reine Düngewirkung erzielt man natürlich auch mit den weit verbreiteten handelsüblichen Volldüngern.

Bevorzugen Sie im Frühjahr **organische Dünger** oder organisch-mineralische Langzeitdünger. Die müssen im Boden erst aufgeschlossen und umgesetzt werden und können von den Pflanzen daher bedarfsgerecht nach und nach aufgenommen werden. Nach dem Austrieb und den ersten Blüten, etwa im Juni, düngt man anspruchsvolle Arten noch einmal nach. Jetzt kann auch **mineralische Düngung** sinnvoll sein. Denn deren Salze werden im Bodenwasser gelöst und stehen den Wurzeln sofort zur Verfügung.

Stauden auf Dauer gut in Form halten

Hohe Staudenarten neigen, besonders auf nicht ganz optimalen Standorten, oft dazu, auseinanderzufallen und umzukippen. Hier hilft es, beizeiten eine Stütze anzubringen, die die Horste zusammenhält. Der Fachhandel bietet unterschiedlichste Modelle aus Metall und Plastik an.

Nach der Hauptblüte können viele früh blühende Arten wie Frauenmantel komplett bis kurz über den Boden zurückgeschnitten werden. Sie treiben dann bald neu durch und bilden wieder kompakte Horste, während sie unbeschnitten etwas unansehnlich werden und oft auseinanderfallen. Einige setzen nach dem Schnitt sogar eine weitere Blüte an, etwa Rittersporn, Katzenminze, Sommersalbei. Man sollte die Pflanzen bei diesem Kraftakt allerdings mit einer Düngergabe und viel Wasser unterstützen. Bei Spätblühern lässt sich die Blütezeit oft verlängern, wenn man laufend verwelkte Köpfe entfernt. Das verhindert die Samenbildung und spart der Pflanze Kraft.

Gegen Ende der Saison lohnt es sich bei Arten, die dekorative Blüten- und Fruchtstände bilden, wie etwa Fetthenne, diese stehen zu lassen. Sie sorgen mit Raureif oder Schnee überzuckert für hübsche Winterbilder. Stauden, deren Blätter schnell faulen, z. B. Taglilien, sowie kurzlebige Arten wie Kokardenblume oder Mädchenauge schneidet man dagegen bereits im Herbst ganz ab.

Hilfreiche Pflegemaßnahmen im Überblick

Das Verlegen von Bewässerungsschläuchen spart viel Gießarbeit. Besonders bei feuchtigkeitsliebenden Stauden lohnt sich der Aufwand. Der Fachhandel bietet verschiedene, auch computergesteuerte Systeme an.

Kurzlebige Arten wie die Kokardenblume, schneidet man bereits im Herbst bodennah ab. So bilden sie neue Basisknospen und verlängern ihre Lebensdauer.

Im Frühjahr dient eine Kompostgabe als Startdüngung und Bodenverbesserung. Man verteilt das organische Material ein bis zwei Zentimeter hoch zwischen den Pflanzen.

Kleines Einmaleins der Vermehrung

Der Stolz jeden Gärtners sind selbst gezogene Pflanzen. Irgendwie stellt es den eigenen »grünen Daumen« unter Beweis, und man entwickelt einfach eine noch innigere Beziehung zur eigenen Nachzucht als zu fertig gekauften Produkten. Oft ist es auch eine Notwendigkeit, zu dicht gewordene Pflanzungen auseinanderzunehmen und wuchernde Stauden zu verkleinern und damit gleichzeitig zu verjüngen. Dann fallen ganz automatisch neue Pflanzen an, die man an anderer Stelle verwenden kann.

Teilung nennt der Fachmann diese einfachste Art der Vermehrung. Bei vielen Stauden- und Gräserarten, etwa Rittersporn, Margeriten oder Garten-Sandrohr, wird sie nach drei bis fünf Jahren Standzeit am selben Platz schon deshalb notwendig, weil sie sonst von innen heraus verkahlen und unansehnlich werden. Die Teilung macht sie wieder vital, wachs- und blühwillig. Gleichzeitig erhält man identische, sortenechte Jungpflanzen. Das ist zum Beispiel bei der Aussaat nicht der Fall (siehe S. 138). So kann man Lieblingspflanzen erhalten und vermehren. Hat man selbst keinen Platz mehr dafür, setzt man sie Töpfe und verschenkt sie weiter. Prädestiniert für diese Maßnahme sind eigentlich alle Pflanzenarten, deren Horste im Lauf der Zeit immer breiter werden, sei es über Ausläufer oder über Wurzelrhizome,

etwa Taglilien, Chinaschilf oder Storchschnabel. Einige Ausnahmen bestätigen allerdings die Regel. So lässt man Pfingstrosen, die ebenfalls immer größere fleischige Wurzelrhizome bilden, am besten über Jahrzehnte in Ruhe.

So einfach funktioniert die Teilung

Der beste Zeitpunkt für die Teilung deckt sich mit der optimalen Pflanzzeit für die jeweilige Art. Also nimmt man Herbstblüher am besten im Frühjahr auseinander, Frühblüher im Herbst. Graben Sie die ganze Pflanze mit Ballen aus. Lockere Wurzelgeflechte wie beim Storchschnabel teilt man mit den Fingern. Manche Ballen zeigen aber so viel Härte, dass man sie nur mit dem Spaten spalten kann. Je nach Größe kann man sie auch in drei oder vier Teilstücke zerlegen und diese an verschiedenen Stellen neu pflanzen. Funkien beispielsweise wachsen gerne über viele Jahre ungestört.

Funkien teilt man am besten im Beet mit dem Spaten. Ein Teil wächst an alter Stelle weiter. Der andere wird ausgegraben und anderswo neu gepflanzt.

1 Buschmalven lassen sich gut über Stecklinge vermehren. Dazu schneidet man ca. 15 cm lange Triebstücke ab. **2** Die unteren Blätter werden entfernt; links ein Kopfsteckling aus einem Triebende, rechts ein Teilsteckling.

Stängel bilden, etwa beim Rittersporn, geht nur der Frühjahrsschnitt. Bei Gehölzen und Halbsträuchern greift man meist erst im Sommer (Juni/ Juli) zur Schere und nimmt so genannte halbreife Stecklinge. Dazu schneidet man etwa 15 Zentimeter lange, noch nicht verholzte Triebstücke, die unten bereits ziemlich fest sind, oben aber noch weich und grün. Das können Triebspitzen sein (Kopfstecklinge), aber auch Mittelstücke (Teilstecklinge).

Entfernen Sie die unteren Blätter und tauchen Sie das Stängelende in ein Bewurzelungspulver. Das gibt es im Fachhandel. Die Triebstücke steckt man nun in vorbereitete Schalen, die man mit feuchtem Vermehrungssubstrat gefüllt hat. Man kann die Erdmischung auch leicht selbst herstellen, indem man Gartenerde zur Hälfte mit grobem Sand vermischt. Eine Abdeckung aus Folie oder eine Plastikhaube sorgt für hohe Luftfeuchtigkeit und reduziert die Verdunstung über die Blätter. Schließlich gibt es noch keine Wurzeln, die Wasser aus der Erde nachholen können. Erst nach rund acht Wochen sind die meisten Arten eingewurzelt. Heben Sie die Jungpflänzchen dann mit einem Pikierstab vorsichtig aus dem Vermehrungssubstrat und setzen Sie sie in Einzeltöpfe und normale Erde um.

Im ersten Winter belässt man den Nachwuchs am besten noch in Gefäßen und stellt diese frostfrei auf. Erst im nächsten Herbst pflanzt man sie an ihren endgültigen Standort in den Garten um.

Wird dann doch eine Teilung notwendig, empfiehlt es sich, die Pflanze im Boden zu belassen und dort mit dem Spaten zu teilen. Ein Teilstück lässt man dann an alter Stelle weiterwachsen. Nur das zweite wird ausgegraben und neu gepflanzt. Gehen Sie auch bei Akeleien, Pfingst- und Christrosen so vor.

Stecklinge bescheren größere Stückzahlen

Eine weitere Methode der sortenechten Vermehrung – der Fachmann spricht von vegetativer Vermehrung – stellt die Anzucht über Stecklinge dar. Auf diese Weise lassen sich größere Stückzahlen heranziehen als bei der Teilung. Will man zum Beispiel Einfassungs-Buchs, Lavendel oder Heiligenkraut für die Beetumrandung selbst ziehen, empfiehlt sich die Stecklingsanzucht. Generell funktioniert sie am leichtesten bei Gehölzen oder Halbsträuchern, etwa Sommerflieder, Buschmalve oder Bartblume. Man kann jedoch auch Stauden wie Rittersporn, Margeriten oder Glockenblumen über Stecklinge vermehren. Allerdings ist für den Hobbygärtner in diesen Fällen die Teilung viel einfacher.

Geschnitten wird, je nach Pflanzenart, im Frühjahr oder Sommer. Gleich nach dem Austrieb im Frühjahr nimmt man so genannte grundständige Stecklinge. Das sind frische, kräftige, etwa fingerlange Triebe, die man bodennah abschneidet oder abreißt. Bei Arten, die später hohle

Lässt man Frauenmantel abblühen, tauchen überall im Garten bald von alleine Jungpflänzchen auf. Man kann sie leicht umpflanzen oder in Töpfe setzen.

Machen sich Jungpflänzchen an Stellen breit, wo man sie gar brauchen kann, setzt man sie einfach um. Das überleben sie in der Regel ohne Probleme. Gehen Sie mit einer Handschaufel unter den Wurzelballen und heben Sie ihn vorsichtig an. Aus der gelockerten Erde kann man den Sämling am Wurzelhals herausziehen. Graben Sie an Ihrem Wunschstandort ein Pflanzloch und setzen Sie ihn dort möglichst sofort wieder in die Erde. Ist das nicht möglich, kann man die Sämlinge auch in Blumentöpfen »zwischenparken«.

Aussaat: Manche Arten versamen sich selbst

Die natürlichste Art der Fortpflanzung ist doch die Aussaat. Blühen, fruchten, Samen ansetzen, neu keimen, so hat das die Natur schließlich vorgesehen, oder? Doch was so natürlich scheint, hat im Garten oft seine Tücken. Die so genannte generative Vermehrung führt immer zu einer Vermischung der Gene von väterlicher und mütterlicher Seite. Das hat viele evolutionäre Vorteile, für Gärtner aber den Nachteil, dass Sorteneigenschaften, die Pflanzen oft mühevoll angezüchtet wurden, sich im Samen nicht immer erhalten. Die neue Generation unterscheidet sich oft in Farbe, Größe oder anderen Aspekten von der Ausgangspflanze. Vor allem bei züchterisch stark bearbeiteten, sortenreichen Staudenarten wie Phlox oder Astern führt die Aussaat von selbst geerntetem Samen daher oft zu Enttäuschungen. Das sollte man sich vorab klar machen. Andererseits ist die Aussaat eine einfache und preisgünstige Methode, zu vielen neuen Pflanzen zu kommen. Wo immer strenge Sortenechtheit nicht so wichtig, Vielfalt gefragt ist oder aber Pflanzen auch aus Samen sehr einheitlich aufgehen, ist das die Vermehrungsmethode der Wahl.

Viele Pflanzen nehmen dem Gärtner sogar die Arbeit ab, indem sie sich von ganz alleine im Garten versamen. Einmal gepflanzt und abgeblüht, tauchen zum Beispiel Frauenmantel, Akelei, Lichtnelken, Fingerhut, Königskerzen und Vergissmeinnicht überall im Garten auf. Das spart dem Gärtner oft viel Arbeit.

Wer gleich gezielter vorgehen möchte, kann bei vielen Pflanzen auch die Samenkapseln ernten, ehe sie aufplatzen und sich von selbst versamen. Das funktioniert gut bei vielen Einjährigen. Bei Klatschmohn, Buschmalven, Jungfer-im-Grünen, Ringelblumen und Kapuzinerkresse lassen sich die einzelnen Samen oder ganze Kapseln gut ernten. Aber auch Stauden wie Akelei und Lichtnelken kann man gut durch selbst gesammelte Samen vermehren. Voraussetzung ist natürlich, man lässt zumindest die letzten Blüten der Saison abblühen und die Samen an der Pflanze ausreifen. Bei robusten, winterfesten Stauden kann man sie gleich wieder ins Freie streuen, dort aufgehen lassen und später notfalls noch einmal an einen besseren Standort umsetzen. Empfindlichere bringt man erst im nächsten Frühjahr aus. Um Samen zu lagern, braucht man einen trockenen Platz. Zur Aufbewahrung haben sich Filtertüten bewährt.

So gelingt die Anzucht

Die Vorkultur von Samen, ob selbst geerntet oder im Fachhandel gekauft, kann man ab Februar/März beginnen. Sie ist bei kälteempfindlichen Arten sinnvoll (siehe auch S.119). Die Pflanzen erhalten so einen Vorsprung und kommen dann nach dem Umzug ins Freie schneller zur Blüte. Verwenden Sie dazu Mini-Gewächshäuser oder Saatschalen. Befüllen Sie die Gefäße mit Anzuchterde und befeuchten Sie diese gut. Dazu eignen sich Sprühflaschen am besten, die das Wasser fein zerstäuben und nicht überdosieren.

Verteilen Sie die Samen gleichmäßig und nicht zu dicht auf der Oberfläche. Informieren Sie sich, ob die Pflanzenart, die Sie anziehen, zu den Licht- oder zu den Dunkelkeimern gehört. Auf gekauften Samentütchen ist das in der Regel angegeben. Bei selbst Geerntetem lesen Sie in der Fachliteratur nach oder befragen einen Gärtner. Dunkelkeimer deckt man mit einer Schicht Erde ab. Lichtkeimer drückt man nur leicht an und lässt sie unbedeckt. Ein luftdichter Deckel sorgt für hohe Luftfeuchtigkeit.

Stellen Sie die Gefäße in ein Gewächshaus oder an ein warmes Fensterbrett und halten Sie sie stets gleichmäßig feucht. Je nach Pflanzenart erscheinen nach wenigen Tagen oder Wochen die Keimlinge. Nach der Bildung erster Laubblätter, werden die Pflanzen pikiert, das heißt, in Einzeltöpfe mit normaler Blumenerde umgesetzt.

Ringelblumen gehören zu den Lichtkeimern. Ihre Samen streut man nur auf die Oberfläche und feuchtet sie an. Einmal im Garten, versamen sie sich selbst.

Adressen, die Ihnen weiterhelfen

Gartenversandhandel

Gärtner Pötschke
Beuthener Str. 4
41561 Kaarst
Tel. 0 21 31 / 79 33 33
www.gaertner-poetschke.de

Dehner Gartencenter-Zentrale
Donauwörther Str. 5
86641 Rain
Tel. 0 90 90 / 77-0
www.dehner.de

Gehölze

Baumschule Lorenz van Ehren
Maldfeldstr. 4
21077 Hamburg
Tel. 0 40/ 76 10 80
www.lve.de

Clematiskulturen
Friedrich Manfred Westphal
Peiner Hof 7
25497 Prisdorf
Tel. 0 41 01 / 7 41 04
www.clematis-westphal.de

Rosen

W. Kordes Söhne
25365 Klein Offenseth-
Sparrieshoop
Tel. 0 41 21 / 48 70 0
Fax 0 41 21 / 8 47 45
www.kordes-rosen.com

Rosen Tantau
Tornescher Weg 13
25436 Uetersen
Tel. 0 41 22 / 70 84
Fax 0 41 22 / 70 87
www.rosen-tantau.com

Rosengärtnerei Kalbus
Hagenhausener Hauptstr. 112
90518 Altdorf/Hagenhausen
Tel. 0 91 87 / 57 29
Fax 0 91 87 / 5722
www.rosen-kalbus.de

Rosenhof Schultheis
61231 Bad Nauheim Steinfurth
Tel. 0 60 32 / 81 01 3
www.rosenhof-schultheis.de

Rosarot Pflanzenversand
Gerd Hartung
Besenbek 4b
25335 Raa-Besenbek
Tel. 0 41 21 / 42 38 84
www.rosarot-pflanzenversand.de

Stauden und Gräser

Staudengärtnerei
Gräfin von Zeppelin
Laufen/Baden
79295 Sulzburg-Laufen/Baden
Tel. 0 76 34 / 6 97 16
www.graefin-v-zeppelin.com

Staudengärtnerei
Dieter Gaissmayer
Jungviehweide 3
89257 Illertissen
Tel. 0 73 03 / 72 58
www.staudengaissmayer.de

Blumenschule Rainer Engler &
Sabine Friesch
Augsburger Str. 62
86956 Schongau
Tel. 0 88 61 / 73 73
www.blumenschule.de

Syringa-Samen
Bernd Dittrich
Postfach 1147
78245 Hilzingen-Binningen
Tel. 0 77 39 / 14 52
www.syringa-samen.de

Wassergarten

OASE GmbH & Co.KG
Tecklenburger Str. 161
48477 Hörstel-Riesenbeck
Tel. 0 800 / 62 73 75 8
www.oase-pumpen.com

re-natur GmnH
Charles-Ross-Weg 24
24601 Ruhwinkel
Tel. 0 43 23 / 90 10-0
www.re-natur.de

Wasserpflanzenkulturen
Eberhard Schuster
Augustenhofer Weg 6
19089 Augustenhof
Tel. 0 38 63 / 22 27 05
www.wasserpflanzen-
schuster.de

Sommerblumen

Sperli Samen/Sperling & Co.
Hamburger Str. 27
21339 Lüneburg
Tel. 0 41 31 / 30 17-0
www.sperli-samen.de

Bruno Nebelung
Kiepenkerl-Pflanzenzüchtung
Postfach 1263
48348 Everswinkel
Tel. 0 25 82 / 67 00
www.nebelung.de

Zwiebelblumen

Bernd Schober
Stätzlinger Str. 94a
86165 Augsburg
Tel. 0 821 / 72 98 95 00
www.der-
blumenzwiebelversand.de

Lilien-Strasser
Gustav-Adolf-Straße 2
91056 Erlangen
Tel. 0 91 31 / 99 04 73
www.traumgarten.biz

Bodenanalysen

VOLUFA-Verband
Verband Deutscher Landwirt-
schaftlicher Untersuchungs-
und Forschungsanstalten e. V.
c/o LUFA Speyer
Obere Langgasse 40
67346 Speyer
Tel. 0 40/ 76 10 80
www.vdlufa.de

Stichwortverzeichnis

Über die Autorin

Ute Bauer machte ihre Begeisterung für Pflanzen und Gärten zum Beruf. Nach dem Gartenbaustudium in Hannover folgte die Ausbildung bei einer Gartenzeitschrift. Seit vielen Jahren arbeitet sie als freie Gartenjournalistin und Buchautorin für ver-schiedene Gartenmagazine, Zeitschriften, TV-Redaktionen und Verlage.

Bildnachweis:

Becker: 6
Borkowski: 83, 100, 136
Borstell: 46, 47, 60, 66, 80
Flora Garten: 31
Flora Garten/Bock: 7, 88, 94, 95, 108, 117, 118, 128, 130, 131r, 137, 138
Flora Garten/Braas: 10, 33, 38, 77
Flora Garten/Caspersen: 35, 52, 53
Flora Garten/Dahlmeier: 76
Flora Garten/Flieger: 22, 54, 67, 72, 112, 133
Flora Garten/Kramp + Gölling: 8, 51, 59, 64, 68, 90, 107, 127, 134
Flora Garten/Luckner: 1, 23, 43, 125
Flora Garten/Radloff: 20, 36
Flora Garten/Schiereck: 81, 110, 111
Flora Garten/Schütz: 16, 28, 37, 120, 139
Flora Garten/Szczepaniak: 9, 106
Flora Garten/Wentorf: 12, 24, 70, 84, 85, 86, 87
Herwig/Locus Flevum/Lelystad/Holland98
IZB: 104, 105

Grafiken:
Sylvia Bespaluk: 15, 71, 74, 75, 79, 82, 99, 102, 124
Flora Garten/Decker: 11, 19, 30, 32, 41, 44, 45, 48, 62, 63, 78, 96, 97, 103, 126
Flora Garten/Fritzsche: 18, 27, 57, 93
Flora Garten/Gebhardt: 129, 131l, 132, 135
Heidi Janiček: 123
Sabine Weber: 115, 116

BLV Buchverlag GmbH & Co. KG
80797 München

© 2009 BLV Buchverlag GmbH & Co. KG, München

Umschlagfotos:
Kristina Vey/jump fotoagentur (Vorderseite);
Flora Garten/Radloff (Rückseite)

Lektorat: Dr. Thomas Hagen
Herstellung: Hermann Maxant

Layoutkonzept Innenteil:
FLORA Garten/Thomas Fölski

Layout und DTP: Heidrun Bonnet

Gedruckt auf chlorfrei gebleichtem Papier

Printed in Germany
ISBN 978-3-8354-0488-5

Bibliographische Information der Deutschen Bibliothek

Die Deutsche Bibliothek verzeichnet diese Publikation in der Deutschen Nationalbibliographie; detaillierte bibliographische Daten sind im Internet über http://dnb.ddb.de abrufbar.

Gärten planen wie die Profis

Margit Deml/Michael Breckwoldt/Martina Raabe
Wir planen unseren Traumgarten
Bildschöne Beispiel-Gärten mit Aufsichtsplänen, Gestaltungs-
prinzipien, Material und Bepflanzung · Konkrete Lösungen:
Familien- und Reihenhausgärten, formale und frei gestaltete
Gärten und vieles mehr.
ISBN 978-3-8354-0489-2

Bücher fürs Leben.